云南百位历史名人传记丛书

中共云南省委宣传部◎编

滇剧泰斗

栗成之

李荫厚　杨军◎著

云南出版集团

云南人民出版社

图书在版编目（CIP）数据

滇剧泰斗——栗成之 / 李荫厚，杨军著. -- 昆明：云南人民出版社，2017.1

（云南百位历史名人传记丛书）

ISBN 978-7-222-15638-8

Ⅰ. ①滇… Ⅱ. ①李… ②杨… Ⅲ. ①栗成之（1880-1952）－传记 Ⅳ. ①K825.78

中国版本图书馆CIP数据核字(2017)第045574号

出 品 人：李　维
**　　　　　胡　平**
责任编辑：张力山
装帧设计：马　滨
责任校对：周　彦
责任印制：洪中丽

书名	**滇剧泰斗——栗成之**
作者	李荫厚　杨军　著
出版	云南出版集团　云南人民出版社
发行	云南人民出版社
社址	昆明市环城西路609号
邮编	650034
网址	http：//ynpress.yunshow.com
E-mail	ynrms@sina.com
开本	889mm×1194mm　1/32
印张	4.875
字数	100千
版次	2017年1月第1版第1次印刷
印刷	昆明卓林包装印刷有限公司
书号	ISBN 978-7-222-15638-8
定价	20.00元

如有图书质量及相关问题请与我社联系

审校部电话0871-64164626　印制科电话0871-64191534

云南百位历史名人传记丛书

编委会名单

总 序

丛书编委会

历史长河浩浩荡荡！中华文明自滥觞至汇聚千流，涵纳万水，奔腾迭起，云蒸霞蔚，延五千年之长史，至今生机勃然，是迄今世界上唯一保持完整且衍传有序、光耀于人类的伟大文明。

习近平总书记指出：一个国家、一个民族的强盛，总是以文化兴盛为支撑的。中华民族是具有非凡创造力的民族，我们创造了伟大的中华文明，实现中华民族伟大复兴的中国梦，必须弘扬中国精神。以爱国主义为核心的民族精神，以改革创新为核心的时代精神，是兴国之魂，强国之魂。

云南，是祖国西南神奇、美丽、富饶的宝地，是中华文明中极具特质和创造潜力的丰美之乡。云南少数民族文化是中华民族文化的重要瑰宝。长期以来，云南大地上，各民族和睦与共，相濡相生，共同创造了色彩瑰丽、形态多元、底蕴厚重、影响深远的历史文化，为我们留下了珍贵的精神遗产。人，是历史的镜子，是历史最生动的环节，人民是历史的主人和创造主体。在人类历史的进程中，一个个不同时期的代表人物产生过一些不同的影响。“云南百位历史名人传记丛书”就是这样一丛历史的记录，一百位历史名人，虽未必尽能概全，各位历史人物的代表性也不尽相同，但都是“追梦人”，是振兴民族伟大理想的传薪人、探索者和实践家。

在这些代表人物中，无论是拓土开疆的将帅勇者，还是蹈海酬志的大国使节；无论是志于传播文明的鸿儒巨擘、先哲贤士，还是为民族独立解放而高歌猛进、慷慨捐躯的群雄英杰，都贯注了这一重要精神。正是以他们为代表的云南各族人民创造并抒写了可歌可泣的英雄史章，熔铸了坚韧不拔、奋为人先、包容博大、敢于担当的精神品质，才使云南在中华文明的长史中闪耀着特有的光辉。尤在近代中国，在辛亥护国风云中，在反对外辱保卫祖国边疆维护民族尊严、抗击日本法西斯侵略中，云南站在历史前台，以中华群雄的不屈身影演出了一幕幕豪迈悲壮的历史大戏，也更涌现了一批足以彪炳史册、光照后人的杰出人物。这一切，给予中国历史进程深远的影响。

今天，实现中华民族伟大复兴之梦，谱写富民强滇中国梦的云南篇章，需要以中华文化发展繁荣为重要条件，这就需要接续这一光荣而伟大的精神传统,在继承中创新,在创新中发展,在发展中超越。云南正处于一个新的历史起点上,需要大力挖掘历史文化资源,聚合更强大的精神动力,为推动我省科学发展、和谐发展、跨越发展凝心聚力。为此,我们组织省内外专家学者编写出版了“云南百位历史名人传记丛书”。这对加强我省各族人民,尤其是青年一代对历史的了解、认同,爱国爱乡爱民并甘于奉献,对提升优秀精神品质,形成团结奋斗的共同的思想基础,坚定推进富民强滇的信心和决心,显然有着重要的现实意义和切实的助力。

一百位历史人物,所处历史时期并不相同,其历史作用也有差异,甚至就个人的全面历史评断方面也难以等量趋同。但我们以为这些留存史迹的人物,所以传扬至今,为后世崇奉,均有他们共同的历史向度和价值取向,我们学习这些历史人物,至少应当着重于以下几个大的方面,即:“守大德、重大义、集大成、有大度、达大观”。

守大德,即恪守道德规范。“德者,本也。”(《礼记·大学》)“大德”既是国家民族的根本利益所在,也是中国文化中最核心的价值理念及标准。古语“行德则兴,背德则崩”,不仅是资政经验,也是个人修习完善的根基。所谓“厚德载物”,直观的理解,就是如果德行浅薄,是不能兴物成事,更不能造就伟大功业的。云南历史文化名人,大多以德立身,大节不移,并对此恪守坚定,一以贯之；始终保持正确信念和理想，并为之奋斗到底。这是我们首先要学习尊崇的。

重大义，即以国家民族利益的需要为个人行为取舍的标准。有大义，才有大爱。这些先贤无不爱云南爱乡土，以兴业乡梓、造福一方为己任。尤在国家民族命运攸关、生死存亡的关头，这些令人崇敬的先辈，大义擎天，逢难不避，敢于担当，责无旁贷，勇往直前，不惧牺牲。一个心存天下大公的人总会在不经意的一瞬决定大义的选择，这是社会进步的希望所在，更何况实现中华复兴的伟大梦想，还有很多异常艰危的事业在等待我们去克难攻坚。所以，举凡大义、为民为国、全身而进的精神是我们应当效法崇尚的。

集大成，“知类通达，强立而不反，谓之大成”。这些历史人物留下的足迹，予人深刻启迪。他们无论是出将入相，还是布衣一袭，均勤学不辍，求索不止，在追求真理和知识的道路上刻苦务实，义无反顾，永无终期，故能成大器，胜大任，不辱使命。今天，世界进入知识信息时代，软硬实力决定一个国家能否赢得发展机遇，乃至自立于强国之列的地位。其紧迫性不亚于先辈梦想中国富强的百年期许。但今天所谓“集大成”，是更高更大更具有生存挑战性和发展战略性的，是集世界之“大成”，集政治经济、科技文化、制度建设、社会发展等一切领域“总成”，玉成中国梦的空前伟大的事业。所以，先人刻苦自律、博学精进的学习精神我们应当秉持继承。

有大度，即要有开放包容的胸怀。云南历史文化名人的一个共通品质，也是一个显著特点就是，即使身处僻远，总能破除狭隘与陋见，以宏大度量，兼容并包，接纳先进，吸收优异，团结一切可以团结的力量，聚合一切可以聚合的资源，总成一股创造历史的宏大动力，来完成伟大的事业。哪怕是割股舍己，也在所不惜。今天，云南要实现跨越式发展，保持开放包容的胸怀尤其重要。所以，先辈“天下云南”的大度我们应当弘扬光大。

达大观，即要眼观天下，达察全局，与时俱进，审时知变，敢为人先。推动云南社会历史进步的代表人物，无不目光远大，胸怀全局，对世界潮流、时代嬗变，都能审视洞悉，并欣然顺应规律，故能在历史转折的关键时刻做出正确选择，成就改天换地的一番伟业。古语有“小智自私”、“达人大观”，是将为个人谋私的小智谋与担当天下兴亡的大智慧尖锐对比而言的。否则，“其兴也勃焉，其亡也忽焉”。一个为民为国而应用心智的人，必然有达观天下的心怀，也由此激发潜能、超迈寻常，而使人生境界也更加美好而宏丽。遍观世界文明史，许多影响人类进步的伟大创新，正是以此为动力和起点的。今天，中国经济社会的快速发展，国家的日益强大，正为实现中华民族伟大复兴的中国梦开拓了无限广阔的道路，也为个人实现自身价值创造着更加富实的前景。所以，先辈们达观天下的精神我们应当引为楷模。

我们对志向高远、仰观天下、俯察民情、甘为路石、慨当以慷、求真务实的历史名人，心存景仰，并愿与千千万万的读者，尤其是青年朋友一道学习弘扬。

组织编撰“云南百位历史名人传记丛书”是一项重要的文化工程，编撰出版人员都做出了艰苦的努力，但由于众手修书，书稿层次不一，成书体例难以做到完全一致，对存在的不足敬请读者批评指正，我们将虚心接受，并在修订再版时一并吸纳修改完善。

前 言

云南是地处中国西南边陲的一个多民族省份，也是我国自然条件最为复杂的省区之一。一方面它地处偏僻、交通不便、经济和科学文化水平都比较落后；另一方面，它周边又与缅甸、老挝、越南毗邻，国境线长达四千多公里。东南边有我国最早的跨国出境铁路：滇越铁路；西南边腾冲通往缅甸，是历史上“走夷方”的南方丝绸之路；西北沿丽江、迪庆通往川藏；东北从昭通的五尺道、豆沙关通往中原。这样说云南又是开放的。错综复杂的地形、气候，和多民族、多元文化交融的特殊人文环境，孕育出了丰富多彩的歌舞、杂技、曲艺、口头文学等民间艺术形式。这些艺术形式的融合势必会产生更加具备综合表现力的艺术形式——那就是：戏剧。在种类繁多的云南民族民间戏剧中，滇剧则应算是成熟程度最高的代表性剧种了。

滇剧是形成于道光年间的汉族剧种，其声腔的形成中有秦腔、梆子、徽调、汉调的元素。在滇剧的发展、成熟过程中，京剧、川剧又在剧目和表演艺术上，对滇剧产生过重要的影响。也就是说滇剧是全国南北声腔与云南方言、地方音乐融合的产物。辛亥革命后至抗日战争前的这二十多年，风起云涌的时代背景下，滇剧走向了成熟。戏班众多、名伶辈出、观众踊跃、演出兴盛。其中就产生了一位最重要的滇剧艺术家：栗成之。他被称作“滇剧泰斗”“云南叫天”，是滇剧和云南这一方水土成就了栗成之，同时也是他钻研滇剧艺术，毕生为其推广传承，成为了“滇萃”的代表。当时代翻开“新中国”的篇章时，他又承前启后的伴随着滇剧走向了全新的历史阶段。就让我们走进这位一生充满精彩传奇的滇剧泰斗栗成之。

目录//MULU

目录//MULU

◆ 唱响滇剧黄金时代

◆ 艺德高尚树威望

◆ 从滇剧改革家到教育家

目录//MULU

离经叛道入梨园

家里有四兄弟，他排行第四，家里人叫他“小四”，后人通称他为“栗四爷”。谁也想不到，这个完全和戏曲不搭界的家庭，竟然诞生了一个在云南的滇剧史上留下浓墨重彩的大艺术家。

痴迷滇腔　出逃学戏

栗成之，原名栗崇信，1880年生于昆明。有人说他是南坝人，有人说他是红庙村人。一南一西各执其词，无论哪边，都属于昆明近郊，即旧时昆明近郊人是也。栗成之幼年丧母，父亲从事制作皮兜肚的手工劳动，同时经营棉絮生意。家里有四兄弟，他排行第四，家里人叫他“小四”，后人通称他为“栗四爷”。谁也想不到，这个完全和戏曲不搭界的家庭，竟然诞生了一个在云南的滇剧史上留下浓墨重彩的大艺术家。

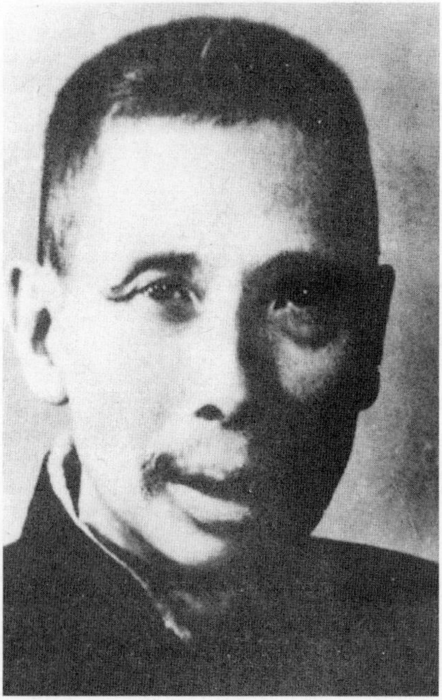

栗成之

栗成之的少年时代，恰逢世纪之交，清朝统治面临土崩瓦解，英、法侵略势力正在伸向云南。昆明正处于辛亥革命的前夜，社会空气里弥漫着一种除旧布新的气息，改良维新是整个社会的新风气。栗家的棉絮铺设在昆明正义路三牌坊，主要由大哥、二哥经营，三哥是个厨师。有三位哥哥支撑养家，日子还算过得去。栗崇信年纪尚小，就由三个哥哥供他在昆明读私塾。棉絮铺生意兴隆时，栗崇信要去帮大哥、二哥；三哥主厨那边忙不过来时，他也会去餐馆里打打下手。除此之外，栗崇信的时间，基本都用在了一件自己最感兴趣的事上，那就是：到民生街口的茶室听唱滇剧。厌弃旧学、追逐新风，其实就是他从听滇戏里得到的启蒙。所以“栗小四”开始逃学私塾，跑去听戏。

昆明的滇戏班子早在乾隆年间就出现了，但真正到滇戏班子盛行，是在清光绪年间。那时，表演水平较高的职业戏班有泰洪班、福升班、福寿班、庆寿班四大戏班。他们没有固定演出场所，以流动演出为主。主要受雇于唱庙会戏、酬神还愿戏，生老病死等生命礼仪的演出。除此之外还有大量是业余爱好者组成的“乡班子”。以昆明周边牛街庄、官渡、马村、呈贡等地的乡班子最活跃。

辛亥革命前昆明市区里开始有了“拉门戏”。就是会馆或戏园唱起戏来，锣鼓一响，有两人守门，吸引观众前来，交三至五个铜圆方能拉开门进去看戏。后来逐渐形成了“茶园戏楼”模式。市民成为消费主体，市场和观众被培养起来。但对栗崇信这样的孩子，逃学偷偷去听戏，不可能有钱去得了茶园戏楼。他的滇戏启蒙则是那些开在街口、巷子里的清唱茶室，因为清唱茶室门槛比较低，多以“打围鼓”“板凳戏”的形式。就是有人拉琴、打锣鼓，表演者不装扮，只是清唱。这是最普及的一种滇戏演出活动，听唱者一般也都是戏迷、票友。买上一壶茶，一小碟瓜子或花生米，晒着太阳，眯着眼睛，摇头晃脑，手打节拍，跟着哼唱。既是打发时间、又是自娱自乐，是百年前老昆明人的一种生活方式。

栗崇信一开始就是被他家附近的民生街茶室传出的滇腔吸引的。胡琴、锣鼓一响起，他就抑制不住去看热闹了。刚开始他也分不清什么丝弦、襄阳、胡琴（滇剧三大声腔），只是天然地对滇剧的声腔有一种敏感，觉得好听，很喜欢。听着听着，他开始了解到每一个唱段背后都有故事，或是公正廉洁的清官；或是忧国忧民的仁人志士；或是英勇善战的英雄豪杰；或是命运多舛的悲惨女性……清唱引领着他走进了丰富的戏曲世界。栗崇信开始只是学着哼上几句，渐渐会唱一些成段的戏词。茶室里大家经常看到这个小孩，觉得他有趣，有时为了逗他，就让他上去唱。栗崇信倒也不怯场，上去就开腔表演。因为还不懂跟琴师的配合，唱的也分不清板眼，引得大家哄笑。这样茶室里都熟悉了他，他成了茶室里不买茶的常客，也成了年纪最小的票友。

三个哥哥供栗崇信上私塾的目的，就是要他考得一官半职，给栗家光宗耀祖。当他常跑到茶室学唱戏的事传到他大哥耳朵里以后，大哥不相信，径直往茶楼跑，要去看个究竟。当大哥气喘吁吁跑进茶楼里，正好看到栗崇信在琴师的伴奏下，学唱滇剧《女斩子》里的小生薛应龙的唱腔。已经唱得有板有眼的栗崇信得到了茶客们的叫好认可。但是在大哥看来，这等同于要猴。他顿时火冒三丈，不顾打扰听戏的茶客，厉声叫道："小四，滚出来！"正在唱得起劲的栗崇信一惊，转头一看，见是大哥来了，拔腿就跑。这一跑更惹怒了大哥，便紧追而去。栗崇信跑出茶楼，大哥在后面越叫喊，他在前面跑得越不要命。兄弟俩一前一后追逐着跑过昆明的街巷，栗崇信一口气跑到了正义路，又朝大南城（即今近日楼公园）跑去。但还未跑过大南城，就被赶来的二哥、三哥堵住了。

栗崇信被三个哥哥连拖带拽地拉到家后，一些亲戚先后而至，把栗崇信团团围住，纷纷斥责他不好好念书，要当戏子卖唱。大哥说："你当着大家的面立下字据，不再到茶室去唱戏，就饶了你。"年少的栗崇信哪里经得起这种攻势，他耷拉着头，只好当众写下一行字："如果再去唱戏，就把舌头割掉。"这场因唱戏引起的风波，才算平息。

谁料想过了两三个月，栗崇信忍不住又偷偷到茶室里去了。由于他的声音优美动听，有人叫他唱戏，并说："你怕熟人看见，就唱背躬戏，让别人只看见你的背影，看不见面部。”几月不得唱戏，栗崇信的嗓子早就痒痒了，一听胡琴声起，禁不住就开唱了。不巧，这一次到茶室唱戏，又有人去告诉了大哥。栗成之知道有人告密，便不敢回家。想到“割舌头”的字据还在大哥抽屉里，心里更是着急，他很快藏了起来。

拖到晚上，茶室的戏散场后，他悄悄摸到老板面前说：“老板，我嗓子好，想唱戏。在这里我不能唱，请把我介绍到别处唱戏去吧。”茶室里几位滇剧艺人围过来：“这娃娃不仅嗓子好，而且身材扮相都很出众，是个唱戏的好苗子。”老板担心他的几个哥哥来茶室闹，不敢答应。几位艺人便有人约栗崇信：“我们最近要到滇南去‘搭班子’，你要不然跟我们一起去？”年少的栗崇信，也不多想后果，只想眼前怎么逃避哥哥们，就答应了。正当大哥、二哥、三哥四处找他回去受罚时，他已同几位滇剧艺人踏上了去往滇南蒙自的路途。这一走，栗崇信就从此和滇剧结下了不解之缘。那时，他才十五六岁，没有梨园世家的背景，也没有专门的老师指引，就是天然的禀赋和少年的任性成全了自己。

初涉世事　弃官下海

栗崇信随滇剧艺人一路南下来到蒙自，从没有离开过昆明的他，像一只逃出樊笼的小鸟，奔向自由、广阔的天地。蒙自，那一片生机盎然的演剧景象把他惊呆了。

蒙自是1910年开通的滇越铁路沿线的重镇，早在中法战争之后那里就“约开商埠”。加上邻近的锡都个旧等地矿业、工商业都很活跃。“商路即戏路”，商业汇集了来自全国各地的生意人、做工者，也汇集了各剧种的戏班，戏园众多。蒙自的新新舞台和权逸茶园，个旧的悦和茶园、同乐戏园，因为有矿业股东投资，实力雄厚，规模不亚于昆明的戏园。

在滇南演出的艺人来自四面八方，有湖北、江西、安徽的，有周边贵州、四川的；也有云南境内昆明、玉溪、曲靖等地的都有。戏班和艺人以“滚班子”“搭班子”的形式，在各种堂会、庙会、万年台（专门的戏台）、会馆演出。还有星罗棋布的清唱茶室，让票友戏迷“打围鼓”、演“板凳戏”。上至达官显贵，下到农人市民，可以欣赏戏曲表演，也可以自娱自乐。不仅涌现的优秀艺人很多，票友、观众水平也较高。那时候唱戏的艺人要想在昆明乃至整个云南唱响，那必须先在滇南立得住脚。所以滇南几乎成了滇剧艺人成名要过的“堂口”。原本在昆明仅只是参与过清唱的栗崇信一下子掉进了这个“戏窝子”，有一种如鱼得水的欢畅。

但不同于过去他在清唱茶室“唱唱玩玩”，“滚班子”可是来真的。“滚班子”的“滚”体现在几个方面：第一是戏班子演出地点时常滚动；第二是班子成员的滚动变化；第三是一个演出场地有多个演出班子来滚动演出，其中甚至是不同剧种的“滚”，如“京、滇合演”，“灯夹戏”（花灯夹滇戏）。对一个城镇、村庄来说，总有各种戏班子、各路艺人来演出，其演出内容和形式就丰富多彩了。因为演出多、内容形式丰富，就培养了观众。观众看的戏多，见识的名角多，自己也会唱，甚至还会组建自己的乡班子、村班子，又成为更广泛的滇戏的普及、传播者。栗崇信要从头学习手、眼、身、法、步。从跑龙套开始，客串配角，到演主角。在完整剧目的演出中，不仅要综合唱、念、做、打、舞的技术；还要注意剧情中人物的心理、性格、情感的表现；要会与乐队文武场配合；还要会与观众交流。有时还要学习唱戏、演戏之外的本事，比如学习锣鼓经。栗成之就体会到打击乐要紧密配合演员把角色人物的性格、思想感情，通过鲜明的节奏传达给观众。演员懂得锣鼓经，表演才能得心应手。这为栗成之将来演戏扎下了牢固的音乐节奏感。虽然栗崇信只能算半路出家的票友，但他在大量的演出实践中，开始了一个戏曲演员的全面训练。这就是后来他办“继字科班”，为什么也要安排学员有大量演出实践机会的原因，“在演出中造就演员”就是他自己学习成才的经验总结。

时光就这样在辗转演出中过了两年多。栗崇信也从懵懂少年长成了挺拔俊朗的青年。这一年六月间，蒙自道台大人的母亲做生日，请戏班去唱寿戏。栗崇信临时搭上这个戏班。他在舞台上举止潇洒、嗓音圆润，尤其一双眼睛很能抓人。散戏后，道台大人指着栗崇信问身边的师爷：“这个青年名叫哪样？”师爷回答说：“叫栗崇信。”“哪里人？”“昆明人。”“学了几年戏？”“两年。他不愿读书，跑来蒙自唱戏。”道台念他年轻有为，一表人材，决定留他在衙门里当听差。消息传到戏班里，班子里就议论开了。栗崇信本人不愿意，但班子的艺人们都觉得比起颠沛流离的戏子生活，在衙门当差可谓是“铁饭碗”了。再加上道台大人发话，不能不识抬举。想到自己哥哥们原本也是希望自己走这条路，现在有这样一个机会，也不妨去试试。栗崇信这才从命应允了。

但是，一去到道台衙门里，栗崇信就后悔了。因为他发现自己从此不能出去唱戏了。当差的一天24小时随时得候着，听从安排和调遣，根本不能擅自跑出去。这种枯燥的、没有自由的生活使他感到很苦恼，越发对唱戏心驰神往。忍了一段时间，他忍不住了，就在白天里钻个空子溜出衙门，到附近庙宇的戏班里去“票戏”（即临时搭班子演戏）。这样偷偷尝试了几次，因为也没有出什么岔子，所以暂时没有被追究。栗崇信觉得只要能偶尔去票戏，也就稍微安了点心。

转眼混过一年，道台又要给母亲做生日了。师爷吩咐栗崇信去请专门做宴席的大厨师。谁知大厨师病了，不能来。师爷又叫他去别处去请。栗崇信想到在昆明时也跟着当厨师的三哥做过帮手，一般宴席的菜还能将就应付，于是鼓足勇气对师爷说：“不用请了，我能做菜！”师爷见他说的认真，就把情况报告了道台。道台大人估量他也不敢开玩笑，就依允了他，让他操持寿宴。栗崇信不敢马虎，问明师爷，知道客人共有六七桌人，做的都是名贵的菜品。他想，一般的鸡、鸭、鱼、肉菜的做法，他基本都能顺手，只是海参、鱿鱼等特殊材料的烹调还不大有把握，就特意到蒙自南湖边有名的饭馆去找厨师请教。在寿宴之前，他把准备工作做得很充足，并且在别人的做法基础上还有自己的创新。

到了寿辰这天，蒙自、石屏、临安（今建水）等地的知府、知州、知县以及绿营兵的总兵、副将、参将等文武官员齐来祝寿庆贺。场面相当热闹。道台大人和师爷都有些吃不准，到底栗小四会把菜做成什么样？师爷几次去厨房外探视，看见栗小四在厨房指挥着几个帮厨的，忙的不亦乐乎。家仆开始上菜了，十几道菜肴摆上桌来，看着还像这么回事，道台大人表情才放松了些。大家吃罢宴席，都夸今天的菜肴与平时的宴席不太一样，食材都是那些常见食材，但吃起来却别有一番风味。道台大人的老母亲也非常满意，见老寿星笑眯眯，大家更是赞不绝口，道台大人不觉飘飘然起来。想不到这个栗崇信还真有点本事，正在兴头上的道台大人对师爷说：“去叫栗小四来，给大家认识认识！”

栗崇信还来不及解下围裙就来到客厅。大家举目一望，好一个英俊机灵的小伙子，身材高大，两眼有神。栗崇信搞不清叫他来这里的用意，就见临安府总兵走了过来，拍着他的肩头说：“你很能干，我们要另眼看待你！”在一片夸赞声中，石屏州参将对道台大人说：“我们州的蛮耗（地名）还有个把总（相当于连排长）职位，让他去任职吧！”大家都纷纷点头赞同，根本没有让栗崇信选择的余地。七八天后，他就到蛮耗当了一名绿营兵的把总。

栗崇信虽然当上了把总，可这并不是他的心愿。兵营在深山老林江边，气候比蒙自炎热，生活条件自然很差。然而他心中最苦闷的，还是不能搭班唱戏。因为唱戏才能让他抒发宣泄情感，体会自由的想象。一天，他实在按捺不住了，就对手下几个兵说：“你们招呼一下兵营，我要到外边办点事情。”他一个人到了临安（建水城），经过打听，找到了一个滇戏班子，就去跟班头表示要过过戏瘾。班子里有知道栗崇信的，便说：“唱戏可以，但不能挂牌。”想着时间也不能长，唱两天就回去，栗崇信当天晚上就来到了戏班。这里演出条件非常简陋，夜晚照明是用一根木桩绑上瓦盘，把细明子柴架在瓦盘上燃烧，观众多时多放几盘，栗崇信心想，用这种明子柴照明，观众看不清唱戏人，只要不被发现，还可以经常来票戏。

不巧，栗崇信第二天晚上唱戏时，就被石屏州参将看见了。他马上到总兵那里去报告。总兵说：“他是道台大人的人，向道台大人去讲。”总兵并当即写了一封信交给参将，参将派人从临安骑马到蒙自，将书信交给了道台。道台接到书信的第二天，就派人把栗崇信叫回蒙自。道台大人一见栗崇信，就指着他官帽上的顶子说："你为我们大清朝的顶子丢脸！"见栗崇信一声不吭，又说："你这不识抬举的东西，到底要做官，还是要唱戏？"栗崇信已经想好了决定，便答道："报告大人，我觉得我做官就像唱戏。"道台一听，把茶碗摔在地上，转身走进里屋。

不一会，师爷出来对栗崇信说："快到道台大人面前磕头告饶，还可以到蛮耗继续做官；否则迟早要被革职。"栗崇信说："师爷，我就是要唱戏。既然迟早也是要被革职的，不如现在不干还痛快些。"其他人也来劝说，栗崇信还是坚持己见，说："谢谢各位朋友的好意。我是爱戏如命的人，革除了我，好痛痛快快去唱戏。"道台大人见栗崇信执迷不悟，就通知总兵，结束了他的绿营生涯。

栗崇信离开兵营，义无反顾地扎进了流动戏班去票戏。那时，经常和他配合演戏的是来自楚雄的杨筱红（原名杨朝礼）。一次蒙自庙会演戏，栗崇信约友人去庙会观看别的戏班演出。那个戏班演员的演技颇让人失望，栗崇信等人不禁叹气要走。出资聘请戏班的乡绅看到，认为他们年轻气盛，妄自尊大，挑衅两边比试。正尴尬对峙，栗崇信就自荐登台，他要饰演《空城计》里的诸葛亮。乡绅这一边打算等这个不知深浅的年轻人"出洋相"时加以羞辱。庙会戏班也都在一旁等着看笑话。不料栗崇信扮演的诸葛亮出场了，一亮相老沉持重，又不乏运筹帷幄的精明，马上就有了诸葛亮这个人物的神采。加之举手投足又皆合规范，让人挑不出毛病。接着他启喉一唱，更是把场子镇住了。他嗓音清朗，韵味淳厚，吐字讲究。接下去的表演又都恰如分际，洒脱自如，让人不得不叫好。庙会班社群优顿时觉得自叹不如，观者纷纷踊跃欢呼。当时，很多观众还不知道他是何人，互相打听，把“栗”误传为姓李，大家便交口称赞：“李小郎压倒群优！”

栗崇信的这次庙会演出可谓一鸣惊人。这之后，便决定在蒙自正式搭班下海，成了一名专业滇剧演员。戏曲行里有句话：“搭班如投胎。”对艺人来说是很重大的事情。所以在他正式搭班那天，要进行很严肃的搭班祭拜戏神仪式。滇剧每个戏班在戏台后面的正中间都会有供桌，供奉着戏神。叫“太子菩萨”“老郎菩萨”“祖师爷”不等。中国的世俗社会素有“三百六十行，无祖不立”的说法，戏神就是戏曲行业里的神。中国戏曲剧种繁多，剧种特色各具形态，但在戏神崇拜这一点上是共通的。戏神崇拜不是短期内形成的，它随着一个行业群体的产生、发展，不是简单的迷信。戏神对戏曲的行业规范、戏班秩序、艺人行为甚至文化心理，都很重要，成为戏曲行里的一种重要的约束力，是研究中国民间戏曲文化的重要部分。

滇戏班供奉的戏神为木质雕像，穿黄袍，戴皇冠，足登靴子，端坐在椅子上。有胡须，传说是唐玄宗李隆基，因他是最早在宫廷里设立教习演戏的机构“梨园”，所以被奉为梨园始祖，后世各剧种艺人们都自称“梨园子弟”。所以戏班子对太子菩萨极为敬重，视为艺人保护神。逢年过节、开箱、封箱，或有新人入班子等戏班发生重大变故时，都要拜祭太子菩萨。每场演出之前，演员化妆完毕都要向太子菩萨作三个揖，请求保佑演出成功。给长明灯加香油、上香烛、果品的都有专人负责。如戏班子外出流动演出，就要有班主责成专人背负着太子菩萨随戏班行走演出。据说昆明最大的戏园子群舞台供的太子菩萨是最讲究的，用黄白色檀香木精制而成。栗成之正式搭班子这天要毕恭毕敬地祭拜太子菩萨，请求“祖师爷赏饭”。班主也要请菩萨保佑新人加入后，整个班子和睦、兴旺。班主对栗崇信说：“今天是你唱戏成功之日，就取‘成之’二字，改名为栗成之吧！”于是，栗崇信从此改名为栗成之。二十岁出头的栗成之从此真正走上了滇剧演艺生涯。

挂牌成角　唱响滇南

栗成之正式搭班后，一来他已小有名气，二来因他是弃官唱戏，大家都想看看他究竟是怎样一个人，故当他挂牌演出时，观众很多，戏班的收入也随之增多，班主对他更是另眼看待。有些艺人也在背后纷纷议论：别人唱戏都要经过不少磨难才得出头，只有栗成之是“一步登天”。

在旧社会，大凡戏曲艺人都要拜师学艺。师约规定很严格，拜师仪式时，要签订契约，就像卖身契，既在师傅身边学艺，又要做些粗使下人的活，师傅师娘打骂是家常便饭，如果病死家长不能过问。一般学三年，拜师一到两年，最快四年可以出师，长的要七年才出师。学徒需要师傅的名气和提供登台机会，挣的钱全部归师傅支配。而师傅未来也指望有出息的徒弟回报供养。出师时要谢师二百至五百两银子不等，还要给师傅一套衣服带毡帽。栗成之的日益红火，惹动了一些老艺人的心思，他们都想收一个好徒弟，将来精神上、生活上也能有个寄托和依靠。但每一位老师向栗成之提出收他为徒弟时，都被他婉言谢绝了。

世俗偏见认为学戏不拜师是对祖师爷不敬，因此引来很多非议。但栗成之就是坚持不拜师。因为他深知，拜师固然能向师傅学艺，但也有不少弊病，只要向谁磕了头，艺术上就被箍上了一条无形的锁链，一出戏的唱念做打，便不能越出师傅的路子和程式，哪怕是很明显的错误也不能改正。他曾亲眼见一位师傅教徒弟把朱元璋唱成了朱元龙，徒弟明知错了，也不敢改正，甚至连询问一下师傅，都要遭受严厉斥责。有的是还会说：“戏字半边虚，本来就是真真假假，何必去认真。”栗成之看出，很多剧本之所以讹误百出，就是这样沿袭下来的。为了革除这些弊病，所以他下决心终生不拜任何前辈为师。

栗成之虽然没有拜师，但对同行们不管艺术成就高低都一视同仁。有一次，他买了一些贵重礼品，把几位表示要收他当徒弟的老前辈请来，不分厚薄，每人敬赠一份。并说："几位前辈关心我，我很感谢。但我从小学艺太杂，拜谁为师，必定会有'不尊师'的地方；再说，拜了一位又得罪了另一位，所以我就下决心终身不拜师。凡是唱戏的，人人为我师。"几位想收他为徒弟的老艺人，听他这样一说，不但毫无反感，反而为他的直爽和真诚所感动。在戏班里，他对同行也是一样对待。凡年纪大的，他都通称叔伯；年龄相近的，或叫大哥、或呼小弟，但从不叫一声师傅。同行们对他坚持不拜师也不见怪，每当有人问到他的师傅是谁时，大家都风趣地说：是"无引道人"。

栗成之下海后，虽没拜谁为师，但他在艺术活动中是实践了"人人为我师"的诺言的。当时，滇剧名优辈出，他都留心学习他们的特长。他最为称赞的，要算晚清滇剧名伶李少白了。李少白是曲靖雷震风的得意门生，工文武生角，擅长红生戏，尤以演关公见长。他身材魁梧，五官端正，特别有一副好嗓子，唱念极佳，被人誉为"声调抑扬，抗坠清越，响彻云霄"。然而李少白并不满足先天的禀赋。更注意后天的努力，在细心琢磨刻画人物方面也有独到的功夫，故而在艺坛上得以名噪一时。

栗成之从李少白身上看到，一个演员必须唱念做打全面发展，才能演好戏中人物，受到观众喜爱。由于他下海时已近成年，没有“童子功”的幼功基础，这对戏曲演员形体的局限是很大的。但是栗成之用超乎常人的毅力坚持练形体功，让自己的做功戏做到规范、精准、有技巧难度。在唱腔方面，栗成之除了先天禀赋比较好之外，还很善于琢磨、创造。除了边看边学唱外，栗成之经常到野外练嗓，从山谷、旷野回声中去琢磨旋律的韵味。在练唱的同时， 他特别注意练讲白功，并着重“二劲”。一是口劲，二是气劲。他说的“口劲”，就是要求吐字清晰，朗朗上口。“气劲”就是换气自然，做到宛若行云流水，一气呵成。为此，他常在墙上贴一张白棉纸，站在一尺左右的地方练讲白，直到吐沫星子湿透棉纸为止。为了适应广场演出，他还常常在野外练嗓和念讲白时，请人分段听声，一直练到较远的地方能听清楚为止。为了使语言更富于地方特色，他留心学习民间口语，如小贩叫卖的声音，妇女的哭丧调，他都注意揣摩，并适当吸收进某些唱腔和讲白里。为了丰富眼神的表现能力，盯看燃香的静物变化，体会静中有动；观看天空云彩的飘动变化，体会动中有静。他深知牙齿对于讲、唱至关重要。随时随地注意保护牙齿，所以后来他古稀之年逝世时，只掉了一颗牙齿。有时，为了琢磨戏中人物的感性和唱腔节奏，晚上睡觉时，他常用手叩击被面以做节拍试唱，久而久之，被面均被戳通。

由于博采众长，苦心钻研技艺，栗成之在滇南一带唱戏日益显露头角，相继演出了《大斩子》《八义图》

《捉放曹》《二进宫》《五台会兄》《罗成叫关》等生角戏。因为他名气大了，附近建水、石屏、个旧、开远等地的戏班子，也争相约他去唱戏。那时，正是他血气方刚的时候，除了须生戏外，又兼学了长靠武生戏，如《凤鸣关》的赵子龙刀劈武将，《战长沙》的关公等。没有“童子功”的他，生生通过勤学苦练和大量的演出实践，练就了一身好功夫。传说栗成之为了练好刀枪把子，在家里对着一面大镜子，拿一杆花枪大叫着：“杀！杀！杀！”从屋里冲向屋外。可见他专心练功的痴迷程度。不过，栗成之一般不演出这些大武生戏，为的是怕同行说闲话：“什么行当都被你占完了，弟兄们还吃什么呢！”

栗成之半路出家能成为“滇剧泰斗”，他不是无师自通的超人，而是有着转益多师、自成家数的能力。

梨园翘楚　重回昆明

在滇南演滇戏晃眼就过去了几年，栗成之演戏的名声已传到昆明。昆明的戏班邀他来昆演戏。栗成之离开昆明七八年了，也想回到家乡。但一想到当年自己是背着哥哥们偷跑的，这个结一下子还解不掉，就这样贸然回昆还是不太妥当，所以他就先到了玉溪。

玉溪也是滇剧很盛兴的地方，自道光年间就开始有滇剧班社。清末解元杨高德在咸丰年间，积极组织成立乡绅班唱滇剧。并亲自修改剧本，操琴伴奏，推动和引领了滇剧在玉溪的发展。逢年过节经常演出，最热闹的是迎土主会，在红塔山后的关帝庙唱会戏。外来戏班在玉溪、通海、新平、江川、峨山、澄江、元江都来往流动演出。当地戏班艺人也不少，业余票友众多。据统计，新中国成立前的玉溪全区共有三十三个滇戏班，艺人三百多人，出了很多全省知名艺人，如：罗香圃、汪润泉、周锦堂、张吟梅、李瑞兰、梅吟雪等。其中汪润泉、周锦堂、张吟梅三人的声腔被上海百代公司（法商）录制为紫胶唱片，影响卓著。

栗成之来到玉溪，少不了去搭班唱戏。经人介绍，他结识了后来同样在滇剧界大名鼎鼎的表演艺术家、演出组织者、管理者罗香圃。罗香圃本姓袁，当时还只是个票友，家庭富有，唱戏是出于业余爱好。他专工旦角，与栗成之配戏，颇感默契。两人年龄相近，对滇剧的喜爱可谓志同道合，常常搭班辗转在通海、玉溪等地，有时也会去个旧、蒙自演出。这样时间又过去了两三年，1913年左右，栗成之、罗香圃都是三十出头的人，在滇剧表演上都已很成熟。栗成之感到自己还是要回昆明，不仅是回家，昆明作为省会城市，有着更好的舞台和观众。罗香圃听说栗成之要回昆，便决心与之同往，他们之前到各地演出也算是走南闯北的，到哪里都站得住脚，也想去试试昆明这个最大的“塘口”（昆明话，类似江湖码头之意）。没想到两人这一去，栗成之还惹了官司上身。

他们到昆明不几天，罗香圃的父亲便从玉溪跟踪而来，到衙门里告了栗成之一状，说他是“人贩子”，拐带他儿子罗香圃到昆明，要衙门对栗成之治罪。栗成之刚到昆明，原本打算低调些，有个过渡期再让哥哥们知道他回来了。谁知道，官司的事情吵得沸沸扬扬，不想让哥哥知道都不行了。到了开庭审案这一天，很多人去旁听。在罗香圃的父亲“控诉”完栗成之“拐带罪行”以后，传唤当事人上场。罗香圃亲自走上前，全场人都屏住呼吸，因为他如何说，就决定着栗成之重回昆明的名声、形象。罗香圃对当庭者恭敬地鞠了个躬，大声说：“我是自愿来昆明唱戏的，并非栗成之拐带。”全场哗然，罗香圃的父亲不甘心，但官老爷已经判诉状不能成立了。这算是回昆的一个小插曲。

就这样，栗成之回昆的事情也就自然包不住了，必须去面对他的三位哥哥和家族亲朋们。逃跑离家十多年，从一个懵懂少年变成了成年人。一下子回到家乡，如何去见亲人，太多百感交集，反而有些不知该怎么回去。为了铺垫，栗成之就托熟人提前对他的三位哥哥做了一些解释、劝说。告诉他们栗小四如今已是滇剧的一块玉招牌，有很多戏迷追捧。他自己喜欢唱戏，而且又确实干出点样子，还望他们尽量宽容。三位哥哥听了，觉得木已成舟，加上栗成之离家的这几年，他们也逐渐明白强迫他做他不喜欢的事，也是不行的。毕竟血浓于水，也就无意再为难他了。这样，栗成之才踏踏实实地算是回到了故乡昆明。

没有了家人的阻挠，栗成之在昆明可以安心唱戏了。但是他马上发现此时昆明的滇剧演出境况并不让人乐观。因为那时的昆明几乎是京剧的天下，从全国各地来昆的京剧班子很多，名角也不少。京剧服装华美，扮相、勾脸讲究，声腔、做功都更成熟、规范。滇剧相比起来还比较粗陋。更突出的是京剧带来了坤角，即女演员。滇剧在1915年之前是没有男女同台演出的，旦角都是清一色的男性扮演。京剧坤角入滇，对昆明戏园子的冲击很大，观众趋之若鹜。因而坤角演员非常吃香，一个月的薪资“较之一省上级长官每月所受之俸禄尚有过之。”平民女子一年的辛苦劳作，可能还抵不上坤角一日的收入，所以一时间，妇女学唱戏的风气兴盛。就这样昆明像样的茶园几乎都以唱京剧为主，偶尔京、滇合演，滇剧也只能演开锣戏，形同搭配垫场的。滇剧地位非常边沿化。

滇剧从1915年后开始女角涌现，张宝钗成了滇剧有史以来的第一位女演员。因为她光绪年间嫁给了滇剧男旦张彩芳，丈夫教戏，张宝钗本人长相秀丽，嗓音清脆，又裹着小脚，是个唱戏的料。所以她开始登台献艺。滇剧坤伶涌现，观众踊跃，市场繁荣的势头在上升，这原本是好事。但因张宝钗扮演的《斩三妖》中的苏妲己，十分妖媚，引起一些人的非议，国民政府为了“维持人心风俗”出台了“取缔伶业”的禁令。自1915年1月以后，云南省巡按使署和警察厅接二连三地颁发了一连串的禁令和布告。如《取缔戏园章程》《取缔伶业》《禁演淫戏》《重申禁演淫戏令》等，凡是涉及到男女爱情的都被归为“淫戏”。这些苛刻的法令，对滇戏艺人、对戏园经营影响都非常大。很多戏园纷纷关闭。张宝钗组织一批女艺人成立的第一个女子滇戏班“大观茶园”也不得不解散。张宝钗只有离开昆明，去了开远、蒙自、个旧、泸西等地搭班子。

栗成之、罗香圃面对这样的现状，痛心疾首。过去他们只是一门心思演戏，而此时他们开始思考滇剧的生存、发展问题。带着振兴滇剧的雄心壮志，栗成之、罗香圃与当时昆明的滇剧名角翟云海、郑文斋、鲁子成、蒋耀庭、刘海靖、李瑞兰等，开始倡导弘扬、推广滇剧。

群舞台就是在这样的背景下经营艰难，才转给罗香圃打理的。在罗香圃的精心管理下，群舞台才逐渐走出危机，成为独霸剧坛之局。个中原因后文再说。

海纳百川炼滇韵

栗成之在昆明滇剧行里迅速成为了举足轻重的人物，开始有一些慕名者来向他拜师学艺。他虽然也收了徒，但并不限制他们向其他人学习。

知己之短　见人之长

经过了多年在滇南、玉溪舞台上的捶打，栗成之已经成为了成熟的滇戏演员。但是他清楚自己不是“家传”，也不是“科班”出身，还需要付出比别人更多的努力。据说栗成之悟道要自创符合自己嗓音条件的声腔，还是受其妻的启发。几乎所有文献上都没有提到过栗成之的婚姻家庭。有一种说法，栗成之的妻子曾经是昆明中合巷白衣庵里出家的尼姑。偶然的机会栗成之与之相遇，苦命人遇到了知音，被栗成之从尼姑庵领回了家，把头发养长之后，就嫁给了栗成之。相伴一生，但没有生育孩子。后来栗成之大哥的儿子栗孝过继给他们做儿子。

栗成之因为晚上睡觉也在学习捉摸滇剧前辈的声腔，一边唱一边用手指轻扣大腿。其妻听得不耐烦了就说：“一天捉摸什么啊，一人么有一人的板眼。”但说者无意，听者有心，这一句话点醒了栗成之：“就是呀！一人有一人的板眼。我为什么一定要死板地学别人？我应该找到自己的风格和方法。”

故此，栗成之认识到滇剧也还需要不断的提升和改进。所以栗成之一边在舞台演出中摸索滇剧的表演和唱腔技艺，一边向京剧吸收借鉴，在舞台实践中独创自己的戏路。他谦虚好学，与昆明滇剧名伶配戏，注意取人之长、补己之短，演技日臻完善。几年后，在众多艺人的共同努力下，滇剧有了明显的提升，也开始有苏绣这样的制作精良的服装行头，化妆上无论俊扮还是开脸，都精细、讲究多了。表演做功也精彩纷呈。加上本土方言的优势，看戏的观众逐渐转向滇剧，京剧班子陆续离开昆明，昆明各大舞台演变成以唱滇剧为主。滇剧逐渐迎来了它发展的全盛时代，栗成之也逐渐奠定了他“滇剧泰斗”的地位和影响。

栗成之在昆明滇剧行里迅速成为举足轻重的人物，开始有一些慕名者来向他拜师学艺。他虽然也收了徒，但并不限制他们向其他人学习。有空时他就会归纳、总结一些唱戏演戏和做人做事的心得给弟子们听。他常说：“一个艺人，成果在于虚心求教，失败在于刚愎自用。”他在弟子们面前并不高高在上，从不讲自己如何高明，反而常讲自己“出洋相”的地方。

他曾经对徒弟讲过这样一件事：他演王允时，有这样一句台词：“儿呀！（指貂蝉）汉室功勋儿为首。”（这时伸出大拇指），再一句“我儿裙下有吴钩”。栗成之当时不知道吴钩是什么，就将大拇指与二拇指弯曲起来，必成一个钩的形状，以为这就是吴钩了。他长时间是这样做的，从来没有人说什么。可是这一次书法家陈荣昌来看戏，坐在前排位子上，当栗成之演到这里时，陈说：“错了。”陈荣昌的话被台上的栗成之听见了，唱完戏一进马门，就叫人赶快去找陈老，请他留步。栗成之卸完妆，赶到陈荣昌先生面前，鞠了一躬后说：“我刚才演错的地方，还请陈老指教。”陈荣昌说：“把大拇指与二拇指比作不逗拢的半圆形，确也是个钩，但不是戏词里的吴钩。所谓吴钩是指二柄锋利的宝剑，应把拇指放在掌心内，其余四指慢慢伸出去，这样才叫吴钩。”栗成之无限感慨地说：“我错演了这么长时间，幸得陈老指教，否则这‘黄戏’还要继续演下去。”以后，他常对别人说：“有了名气的演员，唱错演错了，别人也不愿意挑剔，更要靠自己平时多注意发现自己的短处，只要虚心，不对之处，总有一天人家会告诉你的，众人就是我的师傅。”

更令人敬佩的是，同行中有人受到奚落，栗成之从不随流附和，反而从别人的奚落中找出被奚落人的优点，加以赞扬和肯定。比如，与他同时期的著名花脸演员李文明，嗓子很好，但有人用打油诗挖苦他：“文明李老板，一副好嗓管，三句两偷腔，太懒！”栗成之听了这首打油诗，再经过仔细研究，反觉得李文明老艺人的“三句两偷腔”是很有特点的唱法。好就好在会“偷腔”，才使其音色圆润，吐字清晰自如，节奏感比较强，形成了滇剧花脸唱腔的一种独特风格。他认为这种偷腔换气的方法，是一种创造，不但不该受奚落，反而要加以学习和推广。

栗成之在与滇剧艺人合作共事中，很注意发现别人的优点和特长。他常说：“不要以为只有我才是不可多得的好演员，实际上我们滇剧界有真功夫的演员并不少。”比如他认为碧金玉就是一个很认真的演员。碧金玉原名杨素心，1914 年生，开远人。因小时候生的“又麻又黑”，有人鄙视说她如果学得出戏来，就“手板心煎鸡蛋”，没人愿意教她，她只有从别人不愿意学的小花脸（丑角）开始。就是这样一个看似根本没有学戏条件的人，最后通过自己的刻苦努力，在颠沛流离的江湖买艺中，逐渐练就唱念做打舞的全面才能，最后成为“青衣皇后”。

栗成之与碧金玉合作演唱了很多戏。栗成之称赞碧金玉最难得的是：“从来不嫌麻烦。她和我一样都反对‘艺高人胆大，唱过就马虎’的随便作风。”有些戏是他们经常演出的剧目，但在开演之前，碧金玉都要和他对上半小时的戏，从唱词、讲白到舞台调度都要先说一遍，然后才正式演出。栗成之经常教导弟子们，要学习碧金玉这种认真的精神。栗成之还说，为了团结共事，名演员特别要以身作则，在戏班子里起表率作用。如果听到别人的攻击，千万不能以牙还牙，相互攻击。一要提倡忍让，二要看到人家的长处，这样才能切磋艺术，共同提高。

一天晚上，栗成之和弟子一起到东寺街看京剧，其中有一处在演《战长沙》。由殷汇洲、李鑫培主演，殷扮关公，李扮黄忠。当关公的青龙偃月刀劈下时，黄忠用力架住，想把关公的刀挡开。为了表现黄忠用力过猛，李鑫培将下腿闪了三下，这时，乐器场面的唢呐也响了三声，表示黄忠骑的马被压得叫了三声。这就形象地表现出黄忠在接关公的大刀时，使劲过猛，连坐骑也支持不住的情景。而且身段做得很优美，配合得十分协调自然，这一组挡刀、闪腿、马叫的动作和效果，不仅高度体现了戏曲的虚拟手法，而且把关公和黄忠的交战状态，表现得栩栩如生，具有较强烈的艺术感染力。

看了这场戏后，栗成之特别有感触，对弟子说，一般人演《战长沙》，很少有这样配合得体的表演。这两位演员肯定事前做了认真周密的武打设计，配合得天衣无缝，才取得这样好的效果。如果演员不团结，就不可能相互切磋艺术，也就不会出现这样精彩壮观的武打场面。这晚的演出，就是艺人团结协作，使戏更上一层楼的最好说明。

栗成之在滇剧行里已经成为耀眼的明星，但他总是能看到别人的优点，懂得欣赏他人、尊重他人。无论对上对下、对内对外，他都保持谦虚、低调、宽容的做人原则，这样的品格和胸怀境界在艺人名伶圈子里实属难得。

兼收并蓄　提炼滇韵

很多人认为滇剧太接近京剧，声腔都属于皮黄系统，表演程式、剧目、服装、化妆都很接近。除了方言，滇剧到底有什么和京剧不一样的特点和韵味？时至今日，都经常会有人提这样的问题。大部分从事滇剧表演艺术的人，遇到这个问题都会觉得很难回答。尤其在当下，各地方戏曲剧种向京剧等更成熟的大剧种学习，全国戏曲剧种有一种趋同化的倾向，这是很让人担忧的。如果各地方剧种失去了她多元文化表达的特征，戏曲百花园也就失去了百花齐放的瑰丽多姿。

百年前的滇剧就已经过这样一次历史考验。但就因为有栗成之为代表的一批滇剧表演艺术家，在自觉地思考并解决这个问题。栗成之就竭尽所能，在吸收借鉴其他剧种艺术的同时去琢磨、提炼滇人滇韵的独特表达。这应该算是栗成之对滇剧最重大的贡献。

栗成之一直坚持刻苦自学，向滇剧老一代艺人学习之后，他开始注意向外界学习，向京剧等兄弟剧种学习。其中最重要的是他借鉴京剧的优点来改革滇剧艺术，这在当时是颇有革新勇气的。栗成之后来在编《滇戏指南》丛书的时候，在“序言”里将他借鉴京剧、改良滇剧的意图做了如下表述：“以吾滇而论，所演戏剧，实与京剧大同小异，唯因演习者之固步自封，漫不经意，遂令无可表著，推衍所极，竟自流弊日滋，每况愈下……今京角来滇，因聆始悟规矩之严，迥非滇剧所及，乃更潜心研究，虚已探求，随将滇剧，悉从检校。”在书中《习唱一得》的篇章中他又说：“在今日京调盛行，随处都能请益，较昔便利多矣。”

在当时的条件下，他学习京剧主要靠三个途径。一是直接向京剧演员学习。一天晚上，京班里唱《托兆碰碑》，栗成之看后觉得戏中的“反二黄”唱腔表现力很强，一边听戏、一边随一板三眼节拍地哼唱。哼了一遍又一遍，当时觉得已学会了，回到家后，又觉得节拍板眼不大对劲，于是假说找钥匙又转身往戏园子走去。到了戏园子，才知门已关闭。转回去吗？不行，他感到今晚不弄清楚，心里不踏实。看看两边的围墙低矮，便腾身翻墙而入。进到院子内，看到京剧演员李春庭的屋子里还亮着灯，就上去敲门。李春庭是初到云南的京剧演员，工武生。刚卸了妆休息的他听到拍门声，很奇怪，便问：“是谁？”“春庭先生。是我，栗成之。”李春庭一听是栗成之，很意外：“啊，栗先生！这样深夜，有何贵干？”栗成之有些歉意，但还是直说了：“今天听您唱《托兆碰碑》，很是动听。回去一直玩味琢磨您的唱腔，有不甚了解的地方，故特意来请教。”李春庭一听，急忙开门，他虽然也是颇有名气的演员，但是贵为滇剧“泰斗”的栗成之能这样不耻下问，还是很感动。他手挽手地将栗成之搀进屋内，认真地把“反二黄”唱腔教给了栗成之。栗成之边学边唱，心中确已有把握了，才恭恭敬敬地告辞回家。

二是通过间接途径向京剧学习。当时传播戏曲唱腔的途径，主要靠唱片。俗话说：“厨子的汤，戏子的腔。”也就是说唱腔是一个戏曲演员的看家本领。栗成之为了琢磨滇剧声腔，听人称赞京剧演员谭鑫培唱功很好，有谭叫天之美称，很想向谭学习唱功，但苦无机会，只好自购一台留声机，把谭鑫培的所有唱片买来听。听了几天觉得谭的唱腔“腔既不花哨，调亦无精彩”，便将唱片放置不问。后来又想，谭先生能在京都享有盛名，定有玄妙之处，于是又把唱片拿来细心琢磨、习唱玩味，经反复研究才恍然大悟，原来谭老唱腔看似平常，习唱起来发现行腔特别有讲究，繁复细微的处理把人物内心的复杂心态和情感，表现得更充分。而且听起来也别有一番韵味。故此，栗成之得出了：韵味是一个剧种声腔的真谛。

因当时没有曲谱可考察，全凭揣测，他习唱京剧时也难免出现过错漏。如在唱《战太平》时，把“那旁来了疯婆娘”，误听为“那旁来了诸葛亮”，百思不得其解。栗老据此感叹当时没有师傅没有曲谱学唱腔的困难。经过反复研究，开始发觉因此得出滇剧唱腔也应重视在声韵上下功夫。这样就觉得更发中听，且有余味。通过对谭鑫培唱片的学习，得出了“音必咬真，腔必跟韵，一字不敢松放”的要诀。同时体会到，唱腔要注意音韵，就必须注意丹田气的运用。他在传统唱腔基础上，汲取了京剧唱腔的优点，又回到滇剧唱腔中。

除了听唱片，栗成之经常观摩京剧等兄弟剧种的演出，吸取营养，提高自己的艺术表现和鉴赏能力。比如前面提过的，他带着徒弟到东寺街观摩京剧班子的《战长沙》，他从关公和黄忠的打戏里体会到戏曲如何用虚拟手法，去有力地烘托了人物形象。栗成之学习京剧、川剧，不是去一招一式的学习，而是从艺术表现力的整体上研究其特点，从而吸取兄弟剧种所长，溶化到滇剧艺术中。他对京剧所说的“规矩之严”，就是通过平时的学习观摩，分析概括出的认识。

栗成之向京剧学习、改革滇剧的主张及其实践，曾被当时有保守思想的人加以反对，并做了三不落脚的打油诗挖苦他：“成之本姓栗，滇戏数第一，有时玩京派，何必！”这些挖苦，不仅没有使栗成之灰心，反而从反面体现了他的豁达大方，以事业为重的坚毅性格。他对徒弟说："不要反对人家编打油诗，更不能追问编打油诗的人是谁而去报复，因为京剧来滇的时间还不长，京剧艺术的长处还没有被大家共同认识，我开始向京剧学习，吸收人家的长处来改进我们滇戏，别人看了当然不习惯，人家有反感也是自然的。"

栗成之一边抵住对他学习京剧长处的风言风语，一边脚踏实地地向京剧学习。他在《滇戏指南》的"凡例"中指出："滇戏曲调每因积习相沿致使黔语川音随时混淆，进来愈趋愈杂，不独黔语川音已也，故本编在校订时概行更正，使之成为纯粹之滇剧。"所谓"纯粹之滇戏"，即保持滇剧自己的独特艺术风格。这一原则，对我们今天进一步革新滇剧艺术，都依然具有启迪意义。

钟情滇剧　不忘根本

因为栗成之学习京剧，引来很多人的误会，认为他一味学习京剧，忘了滇戏的根本。1930 年前后，一个京剧班子来昆明演出，班主黄玉麟，艺名绿牡丹，生旦皆优。他率领着近百人的大剧团"欧碧剧团"，从北京、上海到昆明演出，浩浩荡荡。据说他曾到过日本演出，引起日本观众倾巷往观的盛况，从此蜚声四起。所以黄玉麟来昆演出，号召力可想而知。

黄玉麟来昆期间，慕名看了栗成之的一些演出之后，认为栗的条件和功夫确实不错，如能唱京剧，将成为一个很有前途的人才。再加上听说栗成之很注重向京剧学习。二人相识之后，黄玉麟就问栗成之能不能唱京剧？栗成之早已对京剧悉心研究，在语音上也能区分尖团四呼；其他表演程式，滇剧与京剧表演相差也不远，再说唱腔滇剧的襄阳、胡琴和京剧的西皮、二黄，亦同属一个声腔系统。本着向优秀的京剧艺术家学习的初衷，栗成之便回答说：“能唱。”于是他俩就在京班合演了一出《黄鹤楼》。栗成之是刘备，黄玉麟是周瑜。想不到两人的初次合作，还没有演出就轰动了昆明。戏迷票友奔走相告，戏票早就提前售罄。初次演出大获成功之后，接着他俩又合演了几出生旦戏，如《御碑亭》《宝莲灯》等。黄玉麟相当满意，对栗成之的扮相、嗓音、身材以及表演技巧大为称赞。

黄玉麟毕竟还要带着班子到其他地方巡演。一天，黄玉麟特地来拜访栗成之，寒暄之后，就提出“希望你来搭我的京剧班子”的要求，又说：“只要搭上我的京剧班子，你不仅在云南，在全国都会很有名望。”栗成之并不觉得意外，讲了一些客套话之后，他说：“我从来不避讳向京剧学习。但我终身已献给滇剧，绝不会真的搭京剧班。”因为栗成之早就明确自己唱京剧、向京剧和其他剧种学习，最终为的都是为了融化进滇剧里。虽然与黄玉麟的合演很轰动，但他更加感到了滇剧若不自强，就会被京剧所威胁。所以栗成之更坚定了要好好提升滇剧，让其在云南的土地上，甚至更大的范围里，有自己剧种不可替代的特点和地位。黄玉麟见栗成之不肯应允，感到很意外，但也不好勉强，只有先作罢。一年多后，黄玉麟准备回北京，他约栗成之搭班的念头未断。临行前，又再三要求栗成之和自己一起到北京，为此还专门请人劝说栗成之。栗成之的回答仍然是:“我立志献身滇剧,滇剧尚未唱好,怎好搭京班?”更充分表明他之所以学习京剧，目的是为了革新滇戏。黄玉麟虽然很遗憾，但是对栗成之更心存敬意。

黄玉麟回北京之后，又曾为邀栗成之入京剧班的事写信给栗，未成，以后就未再与栗联系。但在北京期间，曾一再向梅兰芳推荐：“云南的滇剧演员栗成之有天赋的好条件，做戏认真，精通北京语音。在我所见过的很多地方剧种中，都难找到像他这样的优秀人才。”黄玉麟的介绍，给梅兰芳留下了深刻的印象。后来栗成之的戏灌制了唱片，梅兰芳又及时买来听，觉得黄玉麟所说果然不差。有一次，梅兰芳还托云南的友人转至他对栗成之的问候。他说:“栗成之先生是我渴慕神交的好友，我家里有他的唱片，唱的很好。将来我有机会到昆明演出，一定要登门拜访求教。”这成了当时滇剧界的一段佳话。

栗成之在昆明三十多岁唱红后，有人曾讽刺他“人红戏少”。说他虽然有名，但是会的剧目就那么几出。这件事刺激了栗成之又返回了滇南蒙自，找到评书艺人陈义清，认识其父陈全友和他的幺叔，他们都是川剧艺人改唱滇戏的。老川剧艺人会的戏和绝活技巧都很多。尤其是那位“幺叔”，此人是“内红外不红”，就是行内公认很有才能，一肚子的戏。但是登台演出有点温，观众里认可度不算高。栗成之认准这位幺叔，要他给自己说戏，所以就在蒙自一待三年，潜心跟着这位幺叔，每天早晨练把子功、吊嗓，下午走戏，晚上听幺叔边吹着“烟泡”边给他说戏。这样韬光养晦，使栗成之肚子里蓄积了大量的剧目，也练就了过硬的表演身段。

入川献艺　一炮打响

自光绪以来，云南矿业和商业的繁荣，来自全国各地的矿主、富商、手工业者等纷纷入滇，建盖行业会馆、同乡祠堂。随外来人口的增多，欣赏者不同的需要给云南带来丰富的戏曲资源，各种家班家乐及流动民间戏班可以畅行无阻的出入云南。川、滇、黔三省疆域相连，历史文化都有很多紧密的相连，再加上方言相对接近，风俗习性、地域性格也比较相通，四川、贵州籍艺人唱滇剧的不少，而滇人唱外省剧种的也不乏其人。云南曾经有过川剧戏班，川黔两地也曾有过滇戏班。

川、滇、黔三省艺人相互流动、搭班演出，滇剧有了很多川黔籍演员。这种流动丰富了三省剧种的剧目，提高了各自的声腔和表演技艺。各地声腔戏班他们可能载艺而来、也可能守成归去并世代相传。一切要看观演双方的默契和需要。可以说对后来滇剧的形成设定了一个极为良好的开放的戏曲文化氛围。

四川、贵州籍艺人来到云南成为滇剧名角的不在少数，以滇剧史上时代较早的雷家班及其班主雷发春为例。雷家班是乾隆末期由班主雷应文（1749—1820）带领入云南的。雷应文，字洪声，原籍为四川省重庆府长寿县欲溪里新家岩人。他率领雷家班从其故里出发，经贵州贵定、安顺巡回演出至云南，最后在曲靖定居，有万春、鸣春、开春、发春四个儿子。雷应文时代的雷家班一般都不能确定演出的是何剧种，但到了雷发春（1815—1893）担任戏班班主的年代，雷家班则是典型的滇剧班社。还有前文提到的栗成之青年时学习的对象，滇剧名伶李少白，就是贵州人。他来到云南曾拜曲靖的“雷四花脸”为师，兼演红生和文武老生，唱做冠绝一时。此外川伶还有王辅臣、邱云林、单炳南、李品金、钟春喜、翟海云、钟玉琴等；黔伶有王心坦、魏文才、钟文发、何花脸、王海廷、李海云等。

比少白年少但几乎是同时代的名伶郑文斋是一个“野心”颇大的人。作为滇剧演员，他青年时代便游历过四川、北京、上海等地，向其他剧种取经，学会了川剧、京剧、梆子、昆曲、广剧等。还有周少林，“一身兼习川剧、贵州梆子、滇剧三个剧种”，自然是丰富了滇剧本身。也说明那时候剧种界限还不十分明显，都是“唱戏”“演剧”可以你中有我，我中有你。较之今天剧种以行政属地为界限，声腔的流传范围缩小了的情况，很值得反思。

抗日战争前，大约1935年左右栗成之、水仙花、王树萱、张吟梅、戚少斌等滇剧，名伶就曾先后到过重庆、会理、西昌、贵阳、兴义、成都等地演出。其中就以栗成之入川演出影响最大。在这之前，他的滇剧泰斗的名声早已传到四川，不过，一部分川剧艺人对他并不服气。这次，听说栗成之要来四川演出，就打好了要考验一下他的真本事的主意。他们在栗成之首场演出前，做了两种“欢迎”准备。一方面，备下鞭炮、红绸软匾；另一方面，也找了几十只破鞋。如果演出真见功夫，“泰斗”技艺名不虚传，就立即放鞭炮、挂软匾，以表示四川同行的祝贺；如果演戏不见了真功夫演出了“洋相”，则向台上仍破草鞋、喝倒彩。这样“泰斗”威信扫地，戏班也难有立足之地。

这天晚上，栗成之演出的戏码是《醉金殿》，这是京剧、川剧等大部分戏曲剧种都有的传统剧目。戏的规定情境是这样的：李太白带醉骑马到金殿，替皇帝识译用异国文字写来的外交文书。栗成之就要扮演戏中的李太白。这出戏的成败在开场，李白要带醉“骑马”上场。戏曲讲空灵、写意，骑马不见马，就靠手持马鞭和足下、身形动作表现骑马。戏曲程式化动作表现骑马有很多套路，但难的是要“带醉”。如果你的表演是人醉“马”也醉，便有被扔破草鞋、喝倒彩的危险；如果你表演的是人醉而“坐骑”不醉，则是内行能人。这头一炮的演出事关此次入川成败。开场前有川剧名艺人亲自在上下场口“把场”，台下则坐满了大批内行的观众，大家都看川剧艺人的点头或摇头行事。栗成之觉察出不寻常的气氛，但他胸有成竹，神平气定，等待上场。

一阵武场打击乐之后，栗成之唱“倒板”（滇剧声腔名）后“骑马”出。只见他身形修长、举止潇洒，醉眼微张微闭，一个醉太白的形象便活脱脱地呈现在观众的眼前。再一看他的下半身，步履刚健，与有节奏的马鞭动作相照应，大有飘然醉态而坐骑稳健不乱之感。他一个亮相，“把场”的川剧艺人没有摇头，台下立即传来雷鸣般的掌声，台上台下紧张的气氛算是缓解了点。接下来栗成之的表演依然精彩纷呈。当唐玄宗要李白解释“蛮书”，李白借醉酒之机发泄心中对朝廷愤懑。他要皇上调笔，娘娘捧砚，杨国忠扇扇，高力士为其脱靴。这一段表演，栗成之做的骄而有礼，醉而不乱。当“蛮书”打开，他的眼睛从左到右，从右到左，念得流利清爽，如珠落玉盘。显示出李白学问渊博，又不失大唐臣子身份。李白识得“蛮书”，令番使大为惊诧，为了压住李白风头，番使唱道：“我谅你只会写不会交战。”当唱至“战”字时，李白从高座上一跃而下，手把桌上撑成三十度角，而桌子上的书简、笔筒不掉下，两只眼睛直逼番使唱道：“你老爷杀他人只用笔尖。”唱到“尖”字的时候，音往高翻之后又往低降，低到一定调门又往高处上升，以气势压到了对方，番使顿时慌乱气虚，不敢直视。台下又爆发雷鸣般的掌声和叫好声。这场戏演完，随着下场的场面锣鼓声，剧场四周响起了祝贺的鞭炮声，川剧艺人并向他献上了红绸软匾。栗成之入川献艺，首战告捷。

滇剧泰斗的名声，从此在四川大振，栗成之所带滇剧班子在四川的演出，也受到了观众的热烈欢迎。四川观众有了喜欢看滇戏的需求，就有人来邀请滇剧戏班去演出。即使在1939年至1941年战火纷飞期间，都陆续有过不少滇剧戏班和艺人到过四川的会理、西昌等地演出。川滇戏班和艺人的交流，促进了两个剧种的发展。滇剧从川剧里吸收了大量剧目和一些表演技艺。经常有“川滇合演”，观众范围也得到了极大地扩张。新中国成立以后，贵州、四川境内都还曾有过滇剧团。培养戏曲表演人才的云南省文艺学校就有过“川剧班”的办学历史，所培养的学生中就有获得过“二度梅”著名川剧表演艺术家“刘芸”。对比如今地方戏曲剧种走不出省际边界的现象，从前剧种流布和传播方式，真是值得好好研究。

总结德艺　诲人塑人

至此，栗成之已经有了几十年的舞台生活，创造了不少生动的艺术形象，他的唱、做、念、舞有独特的风格，形成了滇剧中的一个流派。1933年栗成之收了哈咏天等几个徒弟，教唱生角。这些弟子跟他生活在一起，边学边参加演出。栗成之一贯很讲究演员道德，所以对弟子入门之初，首先强调的就是艺德。他说，一个演员，不管在哪里演戏，一定要“顾住考程”。他解释说，每演一场戏，要像对待一次重大的考试一样严肃、认真。他说：“演戏不要捡地方，讲条件，决不要地方好、条件好，演得好；

地方不好，条件差，就马虎了事。”他还告诉学生，不论搭什么班子和不论在什么地方演戏，都不能“坏人”。因为旧社会戏班里，有少数人互相嫉妒、排挤、抬高自己，撒别人的“烂药”。栗成之说在台上演戏，不要“兴人”，意思是不要为了突出自己，卖弄些与剧情无关的技术，影响同台演员的表演。栗成之不光是嘴巴上说说，他自己就是以身作则、处处严格要求自己的。在旧社会那种争名夺利、演员演戏是混碗饭吃的环境中，栗成之能讲这些道理，且又能身体力行，是十分难能可贵的。

学徒刚刚登台演出的时候，普遍会“怯场”，上了台是手忙脚乱，生怕唱错、做错，结果会唱的台词和会做的身段倒反忘记了，克服不了这一关，就演不好戏。这个时候，栗成之就对他们说：“一个演员在台下要虚心待人，但是上了舞台就应该目中无人，放大胆子演戏。”当弟子们进入第二阶段，自己会唱、会做了，又出现认为自己会唱戏了，什么戏都想唱的现象。上了台大叫大喊，放开做戏，真是目中无人了，可是对于剧本里的唱词，角色的思想、性格，却一知半解。如“红楼戏”的唱词文学性较高，很多人只唱不琢磨其中含义。栗成之就对他们说：“演戏是演人，会演人才算开了窍。只会大喊大叫的唱，这只算个‘戏猫猫’。”这些话很通俗易通，今天看来就是表演“如何塑造人物”的核心理论。栗还给学生讲表演要“装龙像龙、装虎像虎”的门道。他总结说：“神与貌要一个样，貌与心要一个样，心与体要一个样。”“神”很要紧，如果“演戏散神、就是未曾入门。”寥寥数语把西方戏剧理论中“模仿说”到“表现论”的主旨都涵盖了。可见，栗成之不仅是一个优秀的表演艺术家，还具备理论、教学的高素质。

栗成之给学生传授表演归纳为以下五点：一强调演戏要有“神”。他常跟弟子说艺人行里的老话：“三唱不如一扮，三扮不如一随。”所谓“扮”是指身段表演，所谓“随”是指人物塑造。意思就是，唱得好没有表演技巧不行，有表演技巧而无刻画人物性格的功夫也不行。也就是说，演什么人物就要像什么人物。因此他又进一步说“一身之戏在于脸，一脸之戏在于眼，一眼之戏在于灵。”栗成之所说的“神”包括很多东西，不过首先是指“眼神”。角色的喜、怒、哀、乐、惧、恨、惊，首先要靠眼神来表达。眼睛一动，有发自内心的思想、情感，就会表达出来。比如一个小花脸，出场时可以不讲话，两眼一动，是好是坏，性格大体就出来了。还有很多做工戏，像《拾玉镯》《马房失火》，还有一些“三国戏”，不少场面主要角色就靠眼神来表达角色的感情。栗老师把训练眼神的方法总结成口诀：“上怒下恨，左思右索”；“对、逗、溜、转”。练习时，头不要摇，眉不要皱，所谓的“上怒”就是发怒的时候，双眼珠微微向上鼓；“下恨”是表示恨的时候，双眼珠微向下垂。“左思右索”是眼珠梭往左右两边，都是表现思考或者打主意。“对”是眼睛鼓起来向前看；“逗”是两个眼珠往内逗拢；“溜”是上下溜动；“转”是眼珠转圆圈圈。这都是练眼神的基本功。此外，他还谈到“死眼神”“呆眼神”“醉眼神”和“疯子眼”等等。

“死眼神”就是人快死时的眼神，粟成之用得很好，如《七星灯》里的孔明，快死前就用这眼神，两个眼珠微向上，不动，而且要表现出无光；还有《哭樱桃》里，刘备听到关云长和张飞先后被杀，震惊、气急而昏死，是两眼一瞪、一逗，然后就慢慢闭眼。“呆眼神”是人被吓得浑身发抖，两眼直呆，这如《十美图》里的冯金玉，从箱子里被拉出来，吓得发抖，两眼发呆。总之，粟成之十分重视眼神的基本功锻炼，十分重视用眼神来表达角色的思想感情，这一点是他演好角色的一个重要门道。

眼神的基本功练好了，要应对到表演艺术上，还需要有一个不断摸索、不断实践的过程。所谓“灵”，则是指内心性格的表现。粟成之认为表演技巧只是躯壳，没有灵魂，就不明白人物为什么要这样做。用今天的表演理论来讲就是要研究人物规定情境下的心理、情绪和行动目的，特别是要从生活出发，从角色的地位、处境、性格出发，按照不同的行为、不同的角色去应用表演技巧，这才会收到效果。离开了生活、离开了角色的性格，出台就乱用，好人会演成坏人，正派人会演成歪三邪四的人。这叫作不“上品”。

但是反过来说，怎么用？用得合乎角色性格的，就要大胆的探索、创造。不然，两眼木呆呆的，这也会演不好戏。就以传统戏《大小宴》为例子，这折戏是说三国时候，董卓专权，又依仗了吕布的英勇，干尽坏事。司徒王允为了除掉这两个人，订下一个“连环计”，他把貂蝉许给吕布，同时又献给董卓。《大小宴》是王允赠了吕布一顶金冠，吕布到王允家来谢金冠，因为金冠是貂蝉做的，由谢金冠就引出了吕布要求与貂蝉见面的事。当王允叫出貂蝉与吕布见礼的时候，三个人各怀心事，同时就有不同的眼神。锣鼓一声“嘣咚哒”，吕布斜着两眼看着貂蝉，是一种见美心动、忘乎所以的神情。貂蝉是头微垂，两眼微微斜看吕布，但是又有点害羞的样子。王允是要等他们两人已经在相看之时，这才慢慢把两眼微微斜看吕布，又微微斜看貂蝉一眼，要表达出他的心理，一方面是暗喜吕布已经上了钩，另一方面又是在观察貂蝉是否有露马脚的迹象。所以这三个人的内心活动，就是借助眼神来表达的，但是尺寸不能大，也不能小。比如吕布，虽是见了美人动了心，因为一来是在王允府中，又是在王允面前，他本身又是身当军事要职的人，这就不能像《拾玉镯》的傅鹏初见孙玉娇，也不能像《借伞》里的许仙初见白素贞。貂蝉也是一样，她是以王允女儿的身份来接见吕布，又是一种计谋，并不像孙玉娇与白素贞的处境和地位。王允是身居要职，他是要掩盖虚假行为，做出真心诚意的样子，又要保持司徒身份，因此他要在吕布与貂蝉相看之时，这才冷冷静静，双眼微微向左右斜看，尺寸很小，如果一声“嘣咚哒”，就梭动眼珠，且尺寸过火，一来就成为为做戏而做戏，这就假了，二来就不“上品”，角色就会被歪曲。

第二点，栗成之特别强调表演要深入生活，观察人、熟悉人。这几乎是所有表演艺术的不变法则。从生活出发，从角色性格出发，正确应用行当的表演程式。他说："酒醉汉是个什么样子，疯子是个什么样子，应该去看看。"选择行当的程式，要按角色性格的要求参考，没有的要吸收别的行当的程式进行创造。这样创造出来的角色，一方面似乎是某个行当，又似乎不完全是某个行当，而就是自己所演的角色。拿几出传统戏来打个比方，例如《清风亭》里的张元秀，《花园激将》里的寇准，《甘露寺》里的乔玄，三个角色都是老生行，除张元秀外，穿戴也相同，三个人，都是戴"白满铺"，年岁也不相上下。但是看《清风亭》里的张元秀，是一个磨豆腐的老头，诚恳老实，生活艰苦。当他上场，背微驼、腰微弓、双腿微弯，走起路来，步子稍慢，可是又有些轻健，要表现出被生活折磨伤了的劳动人民的气质和风度；寇准是个官高禄厚的人，足智多谋，乐观而又风趣，身体比较健旺，走起路来，腰、背腿微弯，步履有老态，脚又轻健、潇洒，同时又不失去他的地位。乔玄这个老头是地位很高，善于深谋暗算，是一个养尊处优的人物，腰、腿微弯，步履微慢，稳重端庄，与寇准又有所不同。从这些例子，可以看出，同一个行当，因为角色不同，程式就需要根据不同角色来活用，决不能演成一个样子。进一步说，就是同一个角色来活用，决不能演成一个样子。进一步说，就是同一个角色，如果处境有变化，思想情绪有变化，也要按不同情况应用传统程式。

例如前《清风亭》里的张元秀，与后《清风亭》里的张元秀的不同点是：他的年岁已经比以前更大了，他丧失了劳动力，已经沦为讨饭的人，加上十分思念儿子张继保，心情是十分忧闷、伤感。所以这时上场，头微摇，走路时腿微抖，已经出现衰相，与前《清风亭》就大有区别了。

第三点是要根据角色性格设计声腔。这方面，栗成之是做出典范的。滇剧的唱腔，主要是丝弦、胡琴、襄阳三种，此外还有一些杂调。这三种唱腔，从板式上说，除了少数有些特殊不同外，共同的都是[导板][机头][一字][二流]等。滇剧界有句“窝子话”，叫做“百人百曲”。这句话有两种意思，一种意思是指演员同时唱一种腔调，可是风格会各不相同；另一种意思是一种腔调，要按照角色性格，做不同的处理，这才能把角色的思想、情感、地位、处境表达出来。光是按一般唱法、按行当的唱腔来唱，角色就唱不活。举例来说，《碧玉簪》里的李志，夜晚回府，突然听到嫁到王翰林家的女儿李月英，遭到丈夫王玉林的虐待，心里又气愤又着急，他马上连夜到王翰林家，准备质问女婿，当他见到女儿李月英后，有一段很长的唱，从[倒板][机头]到[一字]，又转成[梅花板]。按照滇剧历来的唱法，从[倒板]到[机头]，要先“立四柱”，栗成之的学生哈咏天学着师傅交给的方法分析了李志到了王家的思想、心情，又分析了李志的唱词，没有按照“立四柱”的要求去唱，因为那样唱，不符合李志当时的思想、情感。所以他们就略微做了点改动，省去了一些虚腔。具体安排是这样的：头一句［倒板］“见娇儿发蓬松容颜憔悴”，腔不满行，干净短促，接上是［机头］的“今相逢与往日儿大有损亏”，唱到“大有”的“有”字，短促收腔，虚腔由伴奏拖过，再唱“损亏”，接着“月英儿”三个字是低唱，唱出关切心疼的意思；然后转［一字］的“用袍袖揾干儿腮边之泪”，唱“揾”字顿一下，接上“儿”满行腔“腮边”两字，又由伴奏拖腔。接下来是“今夜过府来与儿出气”，从“与儿”加快到“但只是”又慢下来。这几句唱这样处理，是因为旧社会中，所谓“严父”见到女儿遭了屈辱折磨，父亲心疼、气愤，不便马上发作。话是由封建王朝一个有地位、身份的礼部尚书李志嘴里说出来的，短促收腔，是表达严肃、庄重而又很理智的意思。对于以后的一百多句词，从起更起，都是［梅花板］。如果直沟淌水，反复重叠，一来毫无味道，二来就与角色思想感情不符，所以按角色情绪发展变化，唱腔有几次起伏，节奏也有变化。如起更的几句，心理有思索就唱得很平；到了“并不是棉包纸果哄了你”是愤，愤就加快了节奏；到了比古一段，是叙事，又平了下去；以后就一步步地加快，虽然哈咏天后来自认为这一段唱腔设计得还不是很好，但他将栗成之主张的从角色思想情感、从词意来设计唱腔的方法，算是传承了下来。

栗成之表演理论的第四点是“一专多能”。栗成之自己就是能跨多个行当的，他要求学生也是“多学一点有好处”。所以哈咏天本来是唱小生、生角和老生的，后来也学过老旦，学过小花脸。哈咏天后来经过多年的舞台实践证明，一直很受益这种学习。多学几个行当，并不是说变得杂七杂八，不分主次、轻重。杂了不归“流”，就会形成刷不明要领的《万宝全书》。多学一点又能归“流”，这就有好处。用今天的话来说，就是要“一专多能”。这样做起码有两点好处：第一，在演出时演员互相交流配合得密切、圆满。比如后《清风亭》，扮演过邓氏、张元秀、张继保的演员，三个角色的戏都清楚，在三个角色唱、做时，每在彼此思想情感上互有反应的时刻，就知道自己该怎么做，别人又将怎么做。比那种只演“单边戏”的，双方交流得就更好，更准确。第二，行当学得宽一些，在扮演角色时，因为要从生活、从角色出发，有时本行当的程式不足以表现角色时，就可以借其他行当的程式，加以改革应用。这一点，特别是在演现代戏时，更是大有好处。因为现代戏里，表现现代生活、塑造更为复杂、多面的人物，固有的行当表演程式往往不能完成，就需要创造新的表演程式，所以行当学得宽些，能举一反三、融会贯通地创造就会达到表演的更高层次。

唱响滇剧黄金时代

栗成之走红多年，当仁不让成为“泰斗级”滇剧名角。追捧他的戏迷票友遍布草根百姓，政界要员，商界、文化精英等各个阶层。滇剧作为民间艺术不仅在庙堂、市井、乡野得到认可，还大量俘获了上流社会阶层。其中西南联大知名教授就是社会文化精英的代表。

龙云钦点　滇萃名片

抗战前，滇剧已是昆明最流行的娱乐方式，大小剧院和开戏的茶楼达数十家，名角辈出。此时栗成之已年过半百，名声如日中天。作为当时最火的剧院群舞台的台柱子，据说栗成之月工资可高达三百大洋，远超当时的工厂主或大商人的收入。只要有栗成之演出，必场场爆满，还曾因观众太多发生坍塌事件。不仅老百姓、普通观众追捧，也是文化名人、政界首脑的座上宾。在民国到新中国成立前的军政要员和学者、名儒中，玩票、追戏是一种时髦，滇剧繁盛一时与上层主流社会的青睐亦有莫大关系。

抗战前一些爱好京剧的官僚、军阀在长春路东道巷子里搞了一个“雅集社”，制备了高质量的京剧头面、服装和场面，自娱自乐，唱演京剧。负责人是原国民党五十八军军长鲁道源。时任国民党云南省主席的龙云，又被称为“云南王”，他就是个滇剧戏迷，是他最早把滇剧定名为“滇萃”的。1936 年 4 月，龙云在在一次省务会议上谈到戏剧问题的时候，说到：“京剧要提倡，滇剧也要改进和复兴。”并责成财政厅厅长陆崇仁每月拨滇币五百元作为业务及行政开支，定名为“滇戏改进社”，地点就在雅集社内。一开始因为不发人员薪金，没有艺人愿意参加，召集的都是些业余滇剧爱好者。由于没有明确规划和目标，二十多人利用晚上等业余时间集合在一起讨论研究，对于如何“改进和复兴”滇剧，没有实质性的演出等活动。约一年之后，就无形解散了。

1938 年 7 月，对滇剧改进不甘心的龙云又打算再试一次。他委托时任省党部委员、省府社会处处长陈廷壁恢复滇戏改进社。这次总结原来的经验，指派社会处科长顾新民负责，组织以栗成之、高竹秋、向楚臣、李文明等一批滇剧名角、名票为主的三十多人，明确以唱滇戏、编新戏、改旧本为目的，地点仍在雅集社内。并且参加的人都发兼职薪金，一般都有每月滇币一千五百元。一时间，滇剧届吹来了些改良、改进的风气。但因为战事紧张，日本人的飞机隔三差五来轰炸昆明。市中心很不安全，不可能进行正常活动，就向周边农村疏散，这样，滇剧改进社再次解散。

1941 年 2 月，对滇剧念念不忘的龙云，再次提出改进和复兴滇剧的主张。这次他的决心和力度都比前两次大得多，他自己出任社长，并亲题匾额“滇剧重光”。改名为“云南戏剧改进社”，地点改在了昆明市武成路普天寺内（原武成路新滇电影院旧址）。责成民政厅长李培天、财政厅长陆崇仁负责组织，云南防空司令部副司令杨德源任常务理事，坐镇改进社，主持日常工作。这次改进社持续了五年多，前后共有一百八十多人，把当时的滇剧精华都纳入了，栗成之就是演员里首屈一指的。只是因后来龙云要他单独开办“继字科班”，才离开了改进社（“继字科班”见后文）。

云南戏剧改进社演员训练班，其办学特色主要有如下几点：第一，有官方支持。省主席亲自出任社长，这样高规格的组织平台在滇剧历史上都没有。第二，有组织章程。改进社章程共有七章，对“社员”“组织”“职掌”“会议”“经费”等都有具体规定。其中第一章总则指明改进社的宗旨是：“增进中国艺术文化，发扬民族精神，协助社会教育实验，改进新旧戏剧，培育戏剧人才。”第三，注重教学质量。学员队伍中除了学表演的，还有乐队、舞美方面的，学员共有七八十人。遴选部分艺术造诣较高的艺人兼任业务教员。第四，有京剧演员充任教员，如刀马旦的老师为京剧名角沈芸萍。第五，涉足文化课（历史课）的学习。第六，严苛的学员管理。该训练班采用军事化管理。第七，教学实践相结合。改进社成立之初除进行严格的基本功训练之外，只每周演两、三场，后来改为天天演出，长期营业。

起初改进社只是每周演两、三场，栗成之等名角平时还是可以去各茶园唱戏,有时候一晚上赶两三处地点唱戏。但后来改为天天演出，长期营业。除了日常演出，改进社还会组织募捐演出、堂会演出、招待演出、演员训练班等。如：曾经就组织过慰问美军的演出，上演《单刀会》，开场前翻译先介绍剧情。如此繁多的演出活动，艺人们基本就被“拴死”了，原来滇剧艺人那种“滚班子”“搭班子”的流动性演出就改变了，艺人们不太适应。加之改进社的内部管理出现问题，由于杨德源（继之）管理改进社的方法过于强硬、死板，用军方的武力手段对待演员和学员，关禁闭、随意克扣演出费，还经常干扰演出，随意打骂。甚至抓了一些家庭贫困的，有的是流浪汉，强制他们学习滇剧。导致艺人和学员怨声载道，到1946年，云南发生政变，龙云倒台，卢汉上台就下令撤销改进社。至此，历时五年的云南滇剧改进社宣告结束。

除了办改进社，龙云无论外事接待还是家庭宴请，都会邀请滇剧戏班进五华山（省府所在地）演出。栗成之应该是被邀请最多的名伶代表。几乎就是当时一张“滇萃”文化名片。龙云的喜好带动了一批要员加入滇剧票友队列，龙云三子龙绳曾、财政厅厅长陆崇仁、新富滇银行董事长缪云台等均榜上有名。留美归国的经济巨擘缪云台就曾到栗成之家学滇戏。而栗成之于1936年主持的滇剧第一个科班继字班，即是陆崇仁、缪云台两位财神供奉。从欧洲回到昆明的油画巨匠廖新学，几乎每天都会去栗成之位于护国寺的老郎宫报到。栗成之的家里经常是京滇戏曲名角、富商政要票友汇集一室，不同背景的人一起吹牛谈天，唱曲自娱，一派文化沙龙的旺盛景象。在滇戏票友中，唐继尧一家也可荣膺最佳粉丝团桂冠。唐家老太爷唐三省的人生有三件大事：抽大烟、听戏、票戏。文武小生缪宝生是唐老太太延年益寿的灵丹妙药，唐继尧则号称三天不玩票就心里难受。与栗成之同为台柱子的滇剧名丑王树萱是唐家最爱，曾被唐继尧请至五华山唱堂会，一天连唱二十八出戏。1937年抗日战争爆发后上海沦陷，风云人物杜月笙逃离上海滩、奔赴香港，在途中取道昆明。时任云南省主席的“云南王”龙云设宴款待杜月笙，邀请滇剧名角栗成之作陪，栗的演唱成为席中焦点。杜月笙娶了两房京剧名角孟小冬、姚玉兰做姨太太。所以他是懂戏爱戏的人，避难途中有戏可看很让他快慰，他对滇剧亦有天然的亲切感。龙主席的招待宴席上，听了栗成之的演唱，杜月笙惊讶于“云南这种偏远地方也有很好的剧种，外省人也能听得懂、看得懂。”当时随行的前南京中央美术学院院长张正宇，宴席中遂当场为栗成之作画，并称其为“南叫天”之名誉之，赠予栗成之。

杜月笙逗留昆明期间，慕名前往剧场观看栗成之的演出。当看到栗成之演出他的经典之作《七星灯》中的孔明时，震惊不已。因为这出戏栗成之经过仔细观察和模拟死人的情形，久练技用气影响面色、眼睛。久练成为气功绝活。所以让杜月笙清楚看到将死之时的“孔明”脸色从死灰变成了寡白，两眼翻白、眼珠石化。再加上栗成之在《七星灯》里，为表现孔明的鞠躬尽瘁、死而后已，栗成之低沉的声音越唱越衰，及至身衰心不衰，闻之令人久久怅然若失。杜月笙看完演出，由衷地称赞栗成之是滇剧“最好的须生”。

文人捧角　联大“粉丝”

栗成之走红多年，当仁不让成为“泰斗级”滇剧名角。追捧他的戏迷票友遍布草根百姓，政界要员，商界、文化精英等各个阶层。滇剧作为民间艺术不仅在庙堂、市井、乡野得到认可，还大量俘获了上流社会阶层。其中西南联大知名教授就是社会文化精英的代表。在栗成之家的卧室里悬挂着一个玻璃风景镜框，上书金字“成之先生”，下书“刘文典赠”。又有直幅一张，书写着老杜诗句：“此曲只应天上有，人间哪有几回闻”，下书“蒋梦麟、梅贻琦、张伯苓”。这些名字都是赫赫有名的文化界精英。

刘文典是校勘学大师与研究庄子的专家。安徽合肥人。历任北京大学教授、国立安徽大学校长、清华大学国文系主任。1938 年至昆明，先后在西南联大、云南大学任教。终生从事古籍校勘及古代文学研究和教学。所讲授课程，从先秦到两汉，从唐、宋、元、明、清到近现代，从希腊、印度、德国到日本，古今中外，无所不包。1947 年 9 月 3 日昆明广播电台为纪念抗战胜利两周年举办的滇剧名伶演唱会上，刘文典致辞讲述戏坛的演变概况，他说道：“真正能保持中国之正统者，唯有滇戏。希望爱护东方艺术者，有以提倡之。”对滇剧如此高地评价他是如何得来的呢?

刘文典先生早年在北京喜欢看京戏，来云南之初也常到戏园子看京戏，对滇剧并没有什么了解，一次偶然的机缘使他对滇剧产生了兴趣。带他走进滇剧的是他的学生，我国文学专家、知名教授陶光。陶光是听从老师刘文典的劝说，从外省的学校来到云南大学执教的。他性情潇洒，人到中年还未成家。教书之余喜欢走街串巷，了解昆明的民风民俗。茶馆、戏园是他经常去的地方。当他在茶馆听到滇戏清唱艺人耐梅的演唱后，就对耐梅的才貌深深痴迷,有心要与之进一步交往。便找了老师刘文典从中撮合。

这天，陶光拿着票硬拉着刘文典前去百乐门剧场看耐梅演的滇戏。刘文典没有搞懂陶光的真实用意，只是盛情难却不得不来。没想到，耐梅甜润的嗓音和精湛的表演一出来，刘文典就被吸引了。透过这场演出他看到了滇剧的唱腔、风味、走场都很有自己的特色,有京戏中没有的东西。刘文典先生意识到，不看滇剧就无法真正了解云南文化的博大精深。从此，看滇戏就成了他在昆明最大的爱好。光华剧场的头排两个座位被他常年包下，携夫人每晚必到，风雨无阻地看滇戏。有时还预定更多座位，邀请文友或者学生前往共同欣赏。看滇戏久了，他就结交了很多唱滇戏的朋友，经常邀请栗成之等名伶到他的寓所共同切磋滇剧艺术。刘文典还在一些报刊上撰文介绍滇剧及其名角。他非常看重滇剧的质朴、拙美，认为这是已经走向精致化的昆曲、京剧不再有的。后来 1949 年 10 月 30 日，在《平民日报》南风副刊为改进滇剧而召开了座谈会，刘文典先生就说：“我认为滇剧的质朴是极为可贵的，希望能保持这种好的特点。”

刘文典先生最推崇的滇剧演员就是栗成之。对栗成之的表演、声腔艺术极为倾倒。他认为栗成之的老生唱腔“字正腔圆、苍老有劲”，表演上“书卷气浓厚，潇洒大方，连背脊、足尖下都有戏”。刘文典一次看了《七星灯》的演出之后，感慨唏嘘，认为栗成之把孔明临终之际的衰微与苍凉，星殒灯灭、伟人抱恨终天的沧桑凄绝之感表现的淋漓尽致。他不禁绘一幅国画，题诗相赠："檀板讴歌意蓄然，伊凉难唱艳阳天。飘零白发同悲概，省食憔悴李龟年。"本来年事已高，要准备退休的栗成之，也视刘文典为知己，每逢星期六的晚上必登台，刘文典也必到场，还常常带着罗庸、钱穆等著名教授前往。直至栗成之先生病逝以后，刘文典都对他的表演和声腔无法忘怀。当他去看滇剧名角周锦堂等人演出《八义图》时，还对周锦堂先生的演唱提出中肯建议，希望他向栗成之学习，更深入地琢磨孔明这个人物的精神、心理的境界。栗成之创办继字科班的时候，编写十二册《滇戏指南》，收录了栗成之改编整理的剧目，表演心得和艺术见解，成为滇剧近现代发展中重要的文献资料。刘文典等文化精英对栗成之的辅助影响功不可没。1949年京剧名家马连良来昆，与栗成之会面，切磋戏曲表演时，刘文典题写了"北马南栗"助兴。成为滇剧史上的一段佳话。

蒋梦麟为北大校长、梅贻琦为清华大学校长、张伯苓为南开大学校长，1938年三大高校由长沙迁滇，组建国立西南联合大学，这三位校长同时为西南联大常委，联合管理。这些人物都是中国当代文化教育界首屈一指的人物，他们在昆期间，经常受当地政要的约请，赴宴会并观看滇戏。梅贻琦的日记中就多次记录了他们去五华山（省政府所在地）赴宴，观看滇戏的事情。其中对栗成之和著名票友，后来的滇剧教育家高竹秋的唱腔评价很高。其中1944年8月1日，民国云南省政府成立十五周年纪念日，政府放假一天，并有宴请。梅贻琦在当天的日记中写道："晚有政府请客、演戏，有栗成之《八义图》，惜配角太差，未能尽其所能。"可见他认为栗成之的表演艺术是出类拔萃的。前面提到的三大校长联名赠给栗成之的直幅诗句，就是一次在宴会观看栗成之演出之后，三人联名题写的。

西南联大还有一位著名教授、国学大师钱穆对滇剧、对栗成之的评价也很高。在钱穆的《八十忆双亲·师友杂忆》中，回顾其在昆明生活的两段时光。他第一次来昆明时，看过一两次滇戏，虽然没有看过栗的演出，但只要在茶肆品茗时，总能听到栗的唱片，常加听赏，印象很深。待他第二次来昆时，终于有机会看到栗成之登台演出，他回忆说："犹忆栗成之登台第一场，乃为《审头刺汤》。此台每星期六，栗出场必择唱词少，功架多之戏。然栗成之一步一坐一颦一叹，实莫不具有甚深功夫，妙得神情，有绝非言语笔墨之所能形容者。每逢一登台，余必得一次领悟。实为余再次赴滇一莫大收获。亦为余生平一番莫大之欣悦也……"

刘文典、钱穆、罗庸、陶光、梅贻琦、张伯苓、蒋梦麟都是中国现代文化、教育史上产生过重要影响的人物，他们不约而同地喜爱滇剧、推崇滇剧泰斗栗成之的表演艺术，绝非偶然。一方面说明滇剧在全国众多的地方戏曲剧种中确实有它不可替代的剧种个性和艺术特色，栗成之为代表的滇剧表演艺术家们,已经达到了相当高的艺术水平。另一方面说明，滇剧在那个时代，是整个社会主流文化倡导的文化娱乐方式。政要们把它当成文化名片，文化精英关注、参与其间，文化人、商业巨头、官员“捧角”对戏曲剧种和艺术家的推动很重要（梅兰芳身边如果没有齐如山等一群文化精英构成的“梅党”，也成就不了一代大师梅兰芳）。茶园戏楼生意兴旺，市民百姓看戏、听戏、唱戏都很踊跃，戏班众多，竞争激烈。戏剧生态如此良好，所以当然名伶辈出，剧种繁荣。反观今天戏曲的危机，滇剧的尴尬，究其最根本的原因就是生态遭到破坏。乡村虽然滇剧的根基还善存,但专业院团独木难成林,政府官员,文化、商业精英，媒体、民众，喜爱滇剧者寥寥，没有土壤、环境，所以造不出大师。这是后话。

疯狂戏迷　压垮戏楼

民国初年，昆明就陆续出现卖票看戏的专门场所：茶园。由此拉开滇剧“茶园戏”的鼎盛时代。昆明曾有五大戏园最有名，它们是：地处现在省第一人民医院的云华茶园；建在今天的鱼课司巷，即省滇剧院旁边临安会馆原址上的云仙（丹桂）茶园；位于长春路长春剧院背后，原贵州会馆的荣华茶园；还有位于毡子街的大观茶园；但最有名的是在两湖会馆基础上改建的群舞台（今艺术剧院所在地）。五大茶园同时并存，相互竞争。经营管理与演出班子进行票房分成，相互双向选择。茶园要想观众多，盈利多，就要请名家名角、演精彩好戏。演员要想有最好的观众和最好的回报，要去人气最旺、管理经营最好的茶园，那就要苦练技艺、提高演出剧目的质量。用今天的话说，竞争机制是很强的。茶园戏的经济模式推动了滇剧的艺术品格和特征在日趋独立完善，名家辈出，剧种的成熟程度也得到极大的提高。星罗棋布的清唱茶室就好比滇剧生态的湿地，演出精良的五大茶园就是生态圈的中心，而中心最熠熠生辉的就是“群舞台”。

群舞台是规模最大的茶园，建成于 1912 年 12 月，开业于 1913 年 1 月。主持修建的是商人段筱山、朱仲和等。观众座位有一千四百个，今天的剧院达到这个座位数的也堪称大剧院了。群舞台的结构分为厢楼、大厅，分为包厢、普通座。根据当局治安要求，还设有宪兵弹压席、警察弹压席。因男女观众不能混坐，分设男女包厢。按照票价高低，分为不同档次。群舞台开业时，邀请大量京剧名角来唱破台戏。因当时昆明的茶园主要还是京班子多，先后来昆演出的京剧坤角就有四十多人。一般他们来昆都是先在群舞台演出，之后才流动到其他茶园。三四年之后，京剧班子陆续离滇，茶室戏园逐渐开始转成唱滇剧。原因有多方面,其中一个就是因为滇剧在京剧等外来剧种的影响下，改善了服装行头、化妆勾脸，栗成之为代表的一批艺人名角如雨后春笋，他们各有绝活，改良、发展滇剧，使滇剧逐渐为观众喜闻乐见。加上昆明人听京剧外来方言和声腔有点腻了，滇剧毕竟是本地方言，更受到滇人的欢迎。

群舞台的辉煌从 1918 年开始，由前文提到的从玉溪跟栗成之一起来昆的罗香圃接管，从此专演滇剧，持续了十八年。前十年是群舞台的兴旺发达期，阵容强大、节目丰富、演出水平之高、经营情况之好，可谓史无前例。后八年由于内部纷争，加上日本侵华，时局混乱，开始走下坡路。罗香圃当年与栗成之结伴来到昆明，一方面他像栗成之一样“搭班子”唱戏，他擅长旦行，有“都督小旦”的美名，深得观众的喜爱。另一方面，他的管理组织才能显露出来。他与艺人李瑞兰合资经营荣华茶园，由于注重艺术质量，迅速培养起自己稳定的观众，南来北往的戏班子应接不暇。罗香圃很会网罗人才，善于使用人才。对于有一技之长的艺人，他不惜重金礼聘。他执掌群舞台之后，几乎将各路滇剧名伶都汇集过来。他整整经营群舞台十八年，可以说参与、见证了滇剧最辉煌的鼎盛时期。在滇剧的发展历程中来看，他与栗成之同样重要。作为群舞台的老板，罗香圃在滇剧戏班管理和剧场经营方面做出的贡献超过了他在表演艺术上的成就。

罗香圃除了交友甚广，结交社会名流；对艺人尊重、关怀；分配制度合理之外，他的经营方式非常灵活多样。为了照顾到不同经济收入的观众，座位分为五等。最低票价四角，最贵的包厢三十元。如果你嫌木板座位太硬，有人送来棉垫子；如果你渴了，有茶水送到；如果是热天，有人会送来擦汗降温的帕子；冷了，还提供暖手的小烘笼。

这些服务都分别交一个铜圆即可。看连台本不想走的观众，不用担心饿肚子，跑堂的系着围腰，口袋里插着一把筷子。他在台边拿着筷子敲一敲，要吃的观众举个手，用不着招呼发声影响演戏，跑堂的就给你一双筷子，然后用木托盘把饺掺面（将馄饨和面合在一起吃的一种小吃）端到你的面前。一碗收取三个铜圆，当时一角钱就可以换十四个铜圆，所以大部分观众都承受得起。如果是在包间的人，还可以看到节目单。花生、瓜子、米花糖，纸烟、火柴、水烟袋等等提供。另外小观众可以跟随大人免费入场。观众在群舞台可以享受到的服务可为非常周到，用今天的话来说就是：充分的人性化。所以很多老戏迷进来了就不想走，初来的观众，以后还想来。它的经营理念和模式，在今天依然有借鉴作用。

群舞台最兴盛的时候是 1927 年“二六政变”以后，云南结束了军阀混战的局面，龙云掌握了地方政权。他在内政、军事、经济、交通、币制等方面都自有一套。在抗战爆发前，云南的社会经济基本上比较安定、物价平稳、生活水平较低、外来干扰少。再加上龙云倡导“滇萃”，老板罗香圃与唐继尧、龙云政权都关系密切，每年逢七月十二日唐继尧生日，都要带着群舞台艺人进五华山（都督府所在地）演专场。所以群舞台，滇剧都恰逢其时。

“群舞台”兴盛时期，曾有几大台柱，栗成之就是首屈一指的头牌，另外几大台柱是：老生刘海清，青衣李瑞兰，花旦水仙花，花脸王海廷、李文明，丑角王水牛、王树萱，花旦李少兰、小黛玉等。据说群舞台当时每十天发一次包银，包银根据艺人的知名度分成几等。这几大台柱都属于头等包银，栗成之的包银有时又比他们略高。罗香圃与栗成之是情同手足的关系，他们合演过《拜月赐环》，由前清翰林顾仰山修改、润色过剧本，唱词文雅，富于诗情画意。罗香圃请栗成之到群舞台演出，第一个戏让他与李瑞兰合作《桑园会》。李瑞兰是群舞台当家男旦，以嗓子好著称。有人说他演戏是“一腔定太平”，无论台下如何压不住，只要他一出场，一开腔，观众马上鸦雀无声。比如在《春秋配》里，他扮演的含冤的弱女子还没有上场，在内喊一声：“乳娘带路来！”这简简单单的念白就能引起全堂的掌声，可见功力之深。另外，李瑞兰的唱腔是滇味纯粹。因为他和栗成之有相似的经历，少时念过私塾，有一定文化。私塾开蒙，首先学习的就是四声音韵，所以李瑞兰能在滇剧唱腔中把握住字音的规律，摸索云南方言尤其是昆明话的发音吐字如何做到抑扬顿挫、字正腔圆，行腔委婉。并且李瑞兰作风正派，在梨园行里很受人尊敬。他去世以后，罗香圃曾经惋惜地说：“瑞兰一死，丝弦唱腔都被带走了。别人的听起来总不大过瘾。”

由于栗成之早已声名远扬，得知他“落户”群舞台的首演，又是和青衣皇后李瑞兰合演。戏迷票友自是趋之若鹜，观众人山人海。栗成之在《桑园会》中扮演秋胡，以唱、做并重取胜。这个戏出自元杂剧《秋胡戏妻》，在民间流传很广，全国剧种基本都有。讲的是秋胡二十年离家，归来之时在桑园里“戏妻”。从元杂剧到京剧等各地方剧种，对此夫妻见面不相识的故事有多种演义。有悲剧、有喜剧，老百姓似乎对这故事能进行无尽的咂摸，关于男女关系、夫妻关系的意味很深，所以这个故事经久不衰。观众往往会因男人女人的不同立场，对秋胡与罗氏各执一词，所以观剧气氛热烈，观众太多，愣是把厢楼都压榻了。

滇剧《桑园会》是一出喜剧。剧中秋胡的感情变化多端，栗成之在秋胡的感情处理上，内心活动刻画细致，引人入胜。当秋胡上场时，在桑园巧遇罗氏，他离家二十载，欲试其妻“是否坚守贞洁”。秋胡的此种行为是很容易让人会反感的。但栗成之的表演俗而不流，又略带风趣。回到家后，与母亲、妻子相聚时，其母责备秋胡无理，秋胡唱道:“孩儿打马桑园进，夫妻们见面我认……”唱到“认”字，他拖了三拍。此时罗氏一瞟他，意思是：你认出我来也就不误事了。秋胡眉头一皱，灵机一动，接唱:“认……也认不真。”以掩饰自己。当秋胡向妻子赔礼之后一想，我是荣归故里，而妻子却要我在母亲面前弄得如此狼狈，邻居看见也很丢颜面，往后如何还“驾驭”得住罗氏？于是秋胡又想给妻子一个“下马威”。他将罗氏叫过一边，责备她有失夫妻之礼。戏演到这里，剧情又陡然间起了波折。因为罗氏不服，跑到婆母那里呼救，秋胡一面举拳相要挟，一面又跪在罗氏面前，以袖遮面地哀求。把秋胡又羞愧又好面子的矛盾心理，赋予喜剧性的传达。栗成之在这场戏中以细腻的表演准确地掌握了秋胡的矛盾性格和心理。将从古到今中国男人的普遍心理有了典型呈现，所以观众看了会沸腾，尤其女性观众觉得又过瘾又解气，以至于观众将群舞台的厢楼都压垮了。

群舞台对滇剧的发展历程中有着不可磨灭的贡献，除了群舞台经营管理模式上的成功之外，对后世启示还表现在几个方面：第一，大大丰富了滇剧剧目。名角多，剧目多，可以做到连续几个月演出，剧目不重复。加之罗香圃有远见，专门组织人把老艺人和名角肚子里的戏“挖”出来，做剧目整理。同时组织文人学士新编、改编，从而出现了一批“红楼”“西厢”戏。还有向京剧、川剧、梆子等兄弟剧种移植剧目，都极大地丰富了滇剧剧目。第二，群舞台提倡并致力于艺术上的革新和标新立异。如栗成之等台柱子，无一例外地都有自己的绝招，但他们都还不满足，还不断地革新、创造。在唱腔、表演上都大大地提升了滇剧，促使滇剧艺术日渐成熟。使滇剧成为时代艺术的代表，深得观众的喜爱追捧。第三，重视人才和下一代的培养。罗香圃礼贤下士，不仅对名演员照顾备至，对下层人员也很关心。经常接济有困难者。一旦发现好苗子，想方设法要培养他唱戏演戏。比如赵吟涛，原本是个收粪的小伙计，就因为从他吆喝“粪——买！”声里，罗香圃听出了他的嗓音天赋，收他为徒，精心栽培，终成名角。除此之外，还有周锦堂、戚少斌、碧金玉、向楚臣、刘菊笙等新秀都是呈梯队式的。

灌洋唱片　包机往返

民国时期，上海百代公司（法商）和胜利公司（美商），曾在沪、昆两地三次录制滇剧唱片，对滇剧的传播与推广，起到了积极的作用。栗成之参加录制的是第二批。为什么滇剧泰斗的唱片没有在第一批就录制呢？这要从滇剧首次灌唱片说起。民国初年，西洋留声机和唱片流入云南。当时已有喇叭式的手摇留声机发售，昆明羊市口设有巴黎百代公司总代理处，销售京剧名角谭鑫培的唱片。1918 年 4 月发行的《危言日报》上就刊登过“伶界大王遗响大唱片特别减价”的广告。那时唱片俗称“戏片”，只有富贵人家和大茶馆才有。对普通民众还是很接触不到的。

京剧唱片陆续流传进云南。如：刘鸿升、高庆奎、谭鑫培、许良臣、梅兰芳、杨小楼、程砚秋、汪笑侬等。由当时位于昆明正义路中段的华乐唱片留声机商店代售。老板姓罗，百代、胜利这些公司都与罗公有往来。这些国外唱片公司看到戏曲唱片在海内外有着巨大市场，为了扩大业务，又选择了除京剧外的一些易于在全国推广的剧种。1934 年，法国百代公司上海代表张宜纶来昆明与罗公联系灌制滇剧唱片的事宜。因罗公是广东人，不懂滇剧，就介绍他认识出版界的务本堂书局掌柜王汉声。

王汉声是个滇戏票友，他的务本堂书局是最早出版发行滇戏剧本的现代书局。如1923年、1928年分别以石印、铅印出版了《滇戏》剧本集丛书，还有同时期的《最新滇戏》《滇戏考》《滇戏曲谱》系列滇剧丛书，都是出自务本堂。由于定价低廉，颇为行销，在全国范围内都有流传。因为需求量大，后来还发生过同行盗版翻印的情况。务本堂为维护发行权益，曾在1932年1月5日的《云南新商报》上发表申明。可见当时务本堂在此行业里“龙头品牌”的影响。

王汉声交友甚广，平日喜欢票戏。他在务本堂楼上开茶馆，叫“升平茶楼”，经常有滇戏清唱。后来罗香圃经营十八年辉煌的茶园“群舞台”无法支撑时，将茶园顶给了王汉声经营。直至抗战，战事持续，最终支撑不下去停业。所以王汉声也算涉足滇剧传承事业很深的实业家。务本堂书局、开智印刷公司在弘扬发展云南地方文化中，做出了重要贡献，留下了功在千秋的一笔。所以当张宜纶向他了解录制滇剧唱片的人选时，王汉声就推荐了几名他熟悉的票友，均以华国琴棋社社员的身份，与百代公司签订了合同。他们分别是几位著名票友和琴师：李少兰、汪润泉、周锦堂、董竹轩、董美唐、孙竹轩、惠采臣和彭幼山。合同约定一共灌制二十张唱片，报酬是每人大洋二百元，再按每人录制数量不等，每张唱片加二十元。来往车旅、食宿费用，都由百代公司负担。

八人即随张宜伦从昆明出发，途径开远、河口、海防、琼州、北海、香港、汕头，最后到达上海。中间坐火车三天，乘轮船六天，共历时十天。最早一批滇剧唱片录制完毕，行销海内外，供不应求。百代首次灌制滇剧唱片就收到了不错的效益，有利可图，随即决定要录制第二批滇剧唱片。不久，该公司又派人来到昆明。就有当地人问他："你们是来灌制滇戏唱片的吗？""是的。""那为什么不灌制滇剧名演员的唱片呢？"百代的联络员忙解释地说："已经灌了不少了。""你们灌的大部分是那些唱唱玩玩的人的唱片，专门唱滇戏的人灌的并不多呀。"从这以后，他们才知道了滇剧还有像栗成之这样的名角大腕。经多方面了解，百代公司最后决定请栗成之、筱兰春、碧金玉、刘海清等著名滇剧演员录制唱片。

为了吸取上一次的经验，节省交通成本，百代公司这次派技术人员携器材设备来到昆明，张宜纶也陪同前来。最首要的目标就是栗成之。不巧的是，栗成之此时正好去了四川演出，他与四川签订的演出合同未满，无法赶回。因为首次灌制的滇剧唱片风行一时，百代公司又要到昆明来灌制滇剧唱片的消息一经传出，很多人艺人票友都想有机会去录制唱片。其中有的人为了能灌唱片，拉关系、走后门，还主动送钱给百代公司的翻译和职员。

在百代公司派人到四川找栗成之之前，栗就听说在昆明有人甘心出钱要求灌滇戏唱片之事，认为这是一种自我轻视滇剧的行为，让百代公司职员不免会看低滇剧、看低滇戏艺人们。于是当百代公司的职员说明来意，但关于价钱却不明确提及，栗成之就说："灌京剧唱片时，都是你们出了钱请人家灌的，为什么灌滇剧唱片反而要给你们钱？难道滇戏就不值钱？我不灌了。"百代公司的职员见

20 世纪 30 年代美国胜利公司为栗成之录制的《孔明拜灯》唱片

20 世纪 30 年代上海百代公司（法商）为栗成之录制的《二进宫》唱片

栗成之拒绝灌唱片，只好打电话向在昆明的老板报告。老板说："我们就是要灌制真正滇剧泰斗的唱片，才好卖钱。"仍坚持要劝说栗成之灌唱片。经过百代公司职员再三请求，栗成之就说："一定要我去灌唱片，就要答应我的两个条件：一、买飞机票接我到昆明，灌完后又送回四川；二、我要一千元灌一张唱片，一次付清，以后不再提成。"这个价格比首次灌制滇剧唱片的价格高了很多，大家都觉得不可能。结果出乎预料，百代公司竟然同意了栗成之的条件，请他从重庆坐飞机到昆明，录制完，又让他坐飞机返回重庆。在灌制唱片过程中，栗成之还向百代公司宣传了滇剧艺术特点，说明滇戏同样是一个很有特色的剧种，不应该轻视，要和京剧一样一视同仁。

此番在昆明录制唱片的录音间是租借兴仁街煤矿公司楼房做录制和办公地点。肯定比不了位于上海霞飞路徐家汇的百代公司中国总部的条件。但对于当时没有见过这种西洋玩意的录制生产过程的昆明人，还是很新奇。录音间隔作两间，其中一间，摆着满满的录音用的机器设备。隔板那边，有方方一尺多的一块玻璃，一个小灯，还有一架小机器，将原声的"黄蜡片"放在上面，用钻石针，录音开始，就像播放唱片一样转动，每张蜡片不超过三分钟。在录制的机器房这边，外面那间的喘气声都听得清清楚楚，而在外面那间，听里面，就再大声也听不见。录音时，外间有个小红灯，里面一打铃，外面的小红灯就亮了。此外，中间摆着一个麦克风，演唱者对着它唱。文武场面坐两边。

先合奏试奏，试奏完毕才开始唱，又要实验几遍才开始录。所以，每一张片子都要花费很长时间。

在1936年前后灌制的滇剧唱片中，栗成之个人唱片最多，达十五张：《孔明拜灯》《磨房会》《程婴救主》《徐策跑城》《醉写黑蛮》《打侄上坟》《弦高救国》《八义图》《捉放曹》《拜月赐环》《薛刚哭城》《教子》《放葵生》《斩李广》《北海祭祖》。由于这一批滇剧唱片录制效果良好，成本降低，且行销更广，上至北京，下至南洋，远及边疆小镇都有滇剧唱片的传播。因而百代公司又一再复制，获利甚厚。美国胜利唱片公司看百代公司录制滇剧唱片赚得盆满钵满，随即也派来了人员和设备，又录制了一批（即第三批）滇戏唱片。为了与百代唱片不重复，就更扩大了滇剧名角名票的范围。此间热销全国的滇剧唱片多达两百多种，风靡一时。

泰斗技艺　炉火纯青

栗成之一生演过很多须生戏，表演、声腔艺术都达到炉火纯青的地步，常被人们传颂，对滇剧表演艺术产生了较大影响。在栗成之之前，滇剧舞台上不乏身怀绝技的艺人，能把武戏身段做的精致。但是能把文戏演绝的，还不多。栗成之则是唱、做、念、舞均有很高造诣，达到了形神兼备，生动逼真的高超境界。这不仅是他善于选择、设计外部动作，充分运用表演程式来加强表现手段，关键在于栗成之对他所扮演的角色人物总是有着深刻、丰富的内心体验，使外部动作“发于内形于外”，以形带神，以神传情，刻画人物内心活动。除了前文讲过的剧目外，栗成之还有很多剧目体现着他炉火纯青的表演艺术。

在表现酒醉的李白和弥留之际的孔明时，一个“醉”，一个“病”，栗成之不靠外部大的肢体技巧，而是靠唱、念表演刻画人物内心。对很多普通观众依赖看“热闹”的戏，对栗成之的这种细腻、内敛的表演，还看不出火候和劲道，就有人指责他是“懒垮垮”“懒洋洋”，甚至有人骂他“栗死狗”。栗成之听了无奈地笑笑说：“我不是挑扁担的，我的力气使在肚子里。”所以当西南联大的刘文典等著名教授评价栗成之的表演讲神韵、有书卷气时，栗成之才算找到了知音。后来观众才慢慢看出门道，栗成之受到追捧。所以观众是需要培养、引领的，尤其是戏曲的观众，是需要专业性的。

如前文一再提到的《七星灯》，栗成之在戏里饰演孔明，他为了刻画好孔明临死前的思想和气质，经过长期苦练形成“滞气功”绝活。具体处理是这样的，孔明上场说：“姜维搀扶了。”用手一抹眼、一揩脸，眼神顿时就发呆，一张煞白显青的面孔刻画出此时此刻病重垂危的孔明。另一处是到七星灯熄灭后，在“丝鞭、独槌”声中，他的双眼珠靠鼻梁定神，闭住气，将丹田气提起来，脸色微红。然后眼珠向上移动直到眼膛全白，脸色变涨红。随即慢慢放松气，不是一下子全放，而是一点一点控制着松气，一面利用小腹运气，把气集中，力量运到眼睛上，眼睛显得紧张，就像发呆的样子，使眼睛珠呈现灰白，把孔明临死前的神态表现得淋漓尽致、入木三分，令人叫绝。栗成之在这场戏里的另一个特点是表演细腻，善于透过细节塑造人物。如上坛台与下坛台的步伐便有明显的不同，上时吃力，下时身不由己。即使像坐椅这样简单的动作，他也通过“挣扎，先扶住椅，慢慢倒身顺势坐下，才最后坐正”的表演，来使得一个垂危病人的神态更加活灵活现。

栗成之在《马房失火》中扮演的老差头白槐又别具个性。这是一处以做功见长的戏，全剧只有六句唱词，主要靠讲白和做功揭示人物的内心活动。栗成之平素很注重讲白的作用，曾在《滇戏指南》中强调：“道白中有‘软讲’（又名小讲）一道，似易实难。说来总要流利清楚，自然而不生涩，不俗俚，不硬不土，方算功夫。”他在《马房失火》中扮演老差人白槐，因剧种人物有好几重关系要同时处理，父子情、主仆关系、上下级关系。所以要求演员要能在不同的情况下有不同的内心活动。栗成之有两段表演以细腻见长。一是处理念白爽快。当白槐得知为官之子丢失大印时，他对其子、对家人的几大段念白，栗成之处理得斩钉截铁、干净利索、一气呵成。除了很好地使用讲白外，栗成之的做功也很精彩。当演到白槐听到儿子失落巡按印时，便通过双手颤抖，下颌微动，白髯口随之摆动，将人物悲忿、急躁的情绪表现得淋漓尽致，使全剧气氛一下掀到高潮。当白槐儿子失落的印信已有下落时，又陡峰急转，转悲为喜，放声大笑，一扫刚才的悲忿之情。

全剧中白槐仅六句唱腔，即白槐以智谋为其子设计取印成果后唱的：

叹昔年周郎用火攻，
诸葛亮南屏借东风，
将在谋，不在勇，
取印信就在反掌中，
摆摆手你们休要送——
急忙忙报信会衙中。

这六句唱，栗成之处理得犹如云在空中飘悠悠，水在沟中淙淙流。每次演到这里都能博得台下掌声雷动。随着剧情的跌宕起伏，鲜明地揭示了白槐老成持重、精明干练的性格特征。京剧须生泰斗马连良据说看了栗成之的《马房失火》都自愧弗如。

栗成之的表演总是能抓住每一个人物内心情绪充沛之处来做戏。在《三击掌》中饰演王允，戏演至“父女击掌”断绝关系，是全剧高潮。京剧的这出戏里，王允父权的“威严”更多一些。栗成之则更注重用眼神、摇头、摆髯、眩晕、瘫下，表现王允作为父亲的“痛心”，所以滇剧显得更有人情味，人物心理更复杂，也更令观众产生共鸣。在《审刺客》中，栗成之饰演刑部主管闵觉“愤怒”也令人印象深刻。闵觉抱病出审刺客，在奸人的指示下刺客当庭翻供时，栗成之用双手将水袖同时抛出，立身双手扶住公案外沿，怒视刺客，配合鼓点摇头抖髯，由慢及快，心血上涌，喷口而出。一系列夸张放大的外部动作，将人物内心汹涌、激荡的内心外化的淋漓尽致。还有《取成都》中栗成之表现刘璋的“意外”也堪称一绝。戏中刘璋取印交于刘备，刘备则在众人面前下令要刘璋迁出成都。栗成之表演的刘璋听完传话，头部稍扬，眼神一滞，猛然左手扶左腿，右手水袖用力打出，骤然立身，鼓点配以“嘣咚哒”，双目仰视、目光呆滞，面色下沉，表现刘璋想不到他与刘备“本是同宗，我让给你诺大一个西川，而你却不容我有立足之地。简直太欺负人了。”怒火刚起，但看到张飞、赵云等诸将横目以对，为保全性命，又只有无可奈何接受。当最后那句“事到如今，凭你……你们君臣施为便了。”台下掌声雷动，不是给刘备的是，而是给刘璋的。这一组一连串动作变化极快，但层次清楚，把刘璋的软弱性格活灵活现地表现出来。

把好人演好不难，把坏人演的不简单就不容易了。栗成之对待秋胡、正德皇帝这些不算什么正面的角色，总是能演得不同于别人。《秋胡戏妻》我们前面谈过了，就不再重复。《梅龙镇》里的明朝正德皇帝，因微服私访，住在梅龙镇，见前来送酒的李凤姐美貌，就忍不住调戏，所以这出也叫《游龙戏凤》。一般人演正德皇帝，都演成“大流氓”的丑恶嘴脸。唯独栗成之刻画这个风流天子的分寸拿捏适度，层次清楚。正德皇帝并不是一来就想打凤姐的主意，他三宫六院的嫔妃有多少，必须是看到凤姐有不一样之处才会被吸引。栗成之正是抓住了人物的这一个心理过程，所以才表演得有层次，不流于庸俗。他与扮演凤姐的旦角演员赵纪良事先做了商讨，设置好很多细节，两人一举一动的配合，都一丝不苟。所以他俩搭档表演的《梅龙镇》是最精彩、最受欢迎的。

除了须生，栗成之还放得下身段，把丑角、小花脸的戏也演得很好。民间戏班的习俗，每年农历岁末，封箱前，要连唱三天反串戏，讨吉利。因为能看到名角们反串自己本行之外的其他行当，会碰撞出很多精彩火花，所以观众是很爱看的。群舞台每年这个时候，都是一票难求。比如栗成之须生反串小丑，邱林云红生反串武生，郑文斋生行反串武旦，王海廷花脸反串摇旦（即：妞），李小轩小生反串小旦。栗成之演《跪门吃草》《江油关》《拜寿劝赌》里的袍带丑，比名丑王树萱演的还好。另外他还演过《连升三级》《麦里赠金》。丑角是很考塑造人物的功夫的，栗成之因为善于琢磨表演，无论是《连升三级》中店家的市侩；《跪门吃草》里须贾的两面派味道，他饰演的丑角都人物性格鲜明，感情变化来得快，但层次清楚，技巧刻画人物入木三分。他历来不跟人抢饭碗，因为以上剧目都是王树萱不演的，所以他才会在昆明演。到县上演出时，他就还会增加《请长年》《裁缝偷布》等更接地气的剧目。

栗成之在三十多岁，在昆明唱红之后，曾经因为劳累过度，得了怔忡病（病症类似心悸）。因为栗成之的刻苦用功是超乎常人的，他每天一早就出门叫嗓、练晨功；中午稍事休息，就练身段技巧；晚上看剧本。有演出时，演出之前要默戏，演完之后要总结回顾问题和不足。加上栗成之为人低调、隐忍，所以可能心理压力也很大。泰斗也不是圣人，他患怔忡病的症状是：心跳异常。早晨听见雀儿欢叫、晚上听到耗子啃东西，都会让他心绪不宁、情绪烦躁。久而久之嗓子也受到了影响。栗成之感到自己也需要停下来做一些身体的调养，就搬到了大梵宫（今天的复兴村）去住。那里清净、方便养病，栗成之因此前后两年其间不太演出。当然后来我们知道，就是那养病的两年，他才可能停下来、静心总结自己的表演、思考滇剧的改良，整理滇剧表演技巧，编纂了那套了不起的《滇戏指南》。

艺德高尚树威望

旧社会大凡是富贵之家有喜庆宴会，都要请戏班子去唱戏。为了显示自己的阔绰和乐于施舍，又常常中断演出，给演员发“赏银”，这在当时已经成为一种陈规陋习。而且最侮辱人的是，发“赏银”一般都在演戏进入高潮的时候。

破除陈规——维护艺人尊严

过去滇戏艺人虽然站在舞台上受到观众追捧，但是社会地位还是很低下。所谓“王八戏子吹鼓手”就是对艺人的蔑视。所以尊严受辱也是常有的事。早在宣统年间，滇戏名角郑文斋身上就发生过“受辱坐花轿”的事件。

郑文斋艺名五朵云，集生旦净行表演于一身，会多个剧种声腔，早年他唱旦角。据说有一次，南京道台之子在昆明看了郑文斋主演的《苏三起解》。当看到郑文斋扮演的苏三，相貌俊美、声情动人，就顿起歹意。依仗着其父权势，要恣意凌辱艺人。知道郑文斋是男旦，他就命令郑文斋不准卸装，身着苏三戏服，脚下踩着矮跷，要用花轿抬往南京与其“成亲”。由于这场恶作剧激起了艺人和群众的广泛义愤，惊动了政界，花轿行至重庆，就接到了南京道台的禁止信，郑文斋才侥幸获释。但却在重庆度过了一段浪迹异乡的生活，才辗转回到昆明。想那郑文斋算是当时首屈一指的滇剧艺人，也很有个性，但在这样的强权胁迫之下，竟然也只有无奈屈从，就可想而知艺人们的生存处境。但是到了栗成之的时代，待人宽厚包容的他，对待强权却是毫不示弱的。

旧社会大凡是富贵之家有喜庆宴会，都要请戏班子去唱戏。为了显示自己的阔绰和乐于施舍，又常常中断演出，给演员发“赏银”，这在当时已经成为一种陈规陋习。而且最侮辱人的是，发“赏银”一般都在演戏进入高潮的时候。当主要演员在唱倒板过一字三板等慢板放腔时，早已等在“马门”后的官老爷、老板或他们的管家，就身着长衫马褂，走到台前，抬起右手喊道：“发赏！”这时，乐器全停，所有演员都要背对观众，听发赏人拖腔越气的宣布：某大官、商号、大老板赏钱多少。发赏时，台上的演员，特别是主要演员，要将嘴上的“口条”（即：戏曲髯口）取下挽在手里，对发赏人作揖谢赏。栗成之认为，这种做法直接破坏舞台艺术规律，同时也是对艺人人格的不尊重。他坚决反对，并且带头革除这种陋习。

大约1924年前后，个旧锡矿的一个大老板做五十大寿，请栗成之所在的戏班去唱寿戏，特别指明要栗成之参加演出。演出前，班主就对这位老板说：“栗成之倒是请来了，这个人别的都好说，就是台上谢赏行不通。”老板一听，莞尔一笑说道：“这事好办，多给他几文钱，何愁他不谢赏？”班主更着急地说：“不行，老板，再多给他都不会谢赏的！”老板又说：“这与你班主无关，出了什么事情，戏银照发，分文不扣。”

当晚栗成之主演《击鼓骂曹》。锣鼓响过，栗成之一句内倒板后，刚出场亮相，老板的管账先生就走到后台前吆喝“领赏！”老板在台下，管账先生在台上一唱一和地喊加赏。赏银由三百直加到八百，栗成之置若罔闻，继续唱戏。结果惹恼了锡矿的大老板，砸了场子而去。事后有人埋怨栗成之：“作一个揖就得八百元的事都不干！”栗成之说："我这个人可杀不可辱，改革旧俗既已立下誓愿，就要坚决做到。"

大约 1925 年春节，滇西军某司令来昆明给唐继尧拜年，通知班主罗香圃到五华山唱戏，指明栗成之参加演出，演出中又出现拒不停戏领赏的事件。在五华山唱堂会，那是最高规格的演出，艺人竟然敢不听指挥，那位司令即叫副官把栗成之拉到后台，不让他演。后来又带着五六个侍卫到后台去质问，命令他第二天演出时非谢赏不可。栗成之却说："明天也不能谢。"某司令又说："不谢赏可以，除非你终身不再唱戏。"栗成之毫不示弱："我宁可终身不唱戏，就是不谢赏！""如果你唱了怎么办？"栗成之坦坦然说到："关押一辈子。"这位司令无法，叫栗成之写了不唱戏的保证书，才放他离开五华山。之后，栗成之真的停演了一段时间，直到这位司令被解除兵权，栗成之才又在罗香圃的恳请下出来唱戏。栗成之如此坚定维护艺人的尊严，维护演剧之规律，逐渐让权贵们对他敬畏三分。滇戏演出中才逐渐没有了这样的事情。

成人之美——为贵州演员撑台子

栗成之看到有才华的艺人，从来都很提携相助。票友下海的陈寿益，有文化、熟谙历史，专工须老生，很能唱。栗成之跟他同台，遇到他拿手的戏，栗成之就不跟他争，就主动让他唱。如《哭祖庙》，经常是栗成之演到"御街讨兆”，到了哭祖庙的段落，因为是陈寿益的拿手唱段，就让他来压轴。又如《战船图》中舌战群儒的孔明，本来是栗成之最擅长的戏，但若遇到陈寿益，因为他口白清楚、对答如流，能把史书上舌战之词说的一字不漏。栗成之就让陈寿益演孔明，使陈寿益从名不经传的票友迅速得到了观众的欢迎和认可。

贵州的演员王海廷来昆明演滇戏，他系川剧科班出身，后改唱滇戏，擅长花脸，素有活包公之称。他最初给云南观众留下印象是在 1924 年的立夏，澄江西龙潭举行传统的庙会活动，按例要在古戏台演滇戏。庙会正会这天，午场戏点是《捉放曹》，王海廷演曹操，郑文斋的陈宫，票友刀宝国的吕伯奢。阵容齐整，旗鼓相当。戏开场了，赶庙会的群众人山人海，万头攒动。开场锣鼓完全被淹没在嘈杂的声浪中，演员的唱念更是啥也听不见。王海廷在马门后面一看此情形，就运足丹田之气，出场时大吼了一声“走！”犹如晴天霹雳，惊得赶庙会的人一呆，齐把眼光投向舞台。跟着一个赶[七锤]，曹操与陈宫跃马上场，王海廷唱一句“小桥流水桂花香”声音震耳、山鸣谷应。人们一下子被吸引住，不由地往舞台涌去。推推搡搡如潮水般涌向舞台的人群，把路边摆设的豌豆粉小吃摊都一个个挤翻进小溪里，顺流而下。一时间，锣鼓声、喊叫声、一片混乱，惊动警民团赶来竭力维持秩序，才没有造成伤亡事故。所以王海廷出来云南演戏，就是“惊天动地”的。

但由于王海廷个子矮小，说白一口贵州音，唱腔又川味太浓，唱胡琴戏不好听，只能唱襄阳。因而初来昆明的茶园戏楼演出，不太受欢迎，不久只好转回贵州。王海廷在昆明期间，栗成之正好在贵州、四川演出，二人未得相遇。栗成之回昆明后，听到了王海廷在昆明的演出不景气的情况，十分惋惜地对艺人们说：既然王海廷浑身都是戏，又是科班出身，大家就要为他捧捧场，为他配好戏。贵州人唱滇戏实在难得，个子矮不是主要问题，口音也可以慢慢习惯嘛！

大约 1928 年，王海廷又第二次来到昆明。栗成之听说他来了，这次就把他请到家里，说："王先生，我听说你是一位艺术造诣很深的演员，你的花脸戏、眼神戏、身段戏都是呱呱叫的，因上次我不在昆明，没有很好的给你配戏，这次一定要很好的捧你的场。"王海廷早就听说栗成之是德艺双全的滇剧名伶，这次见面之后，觉得栗的人品比想象中的还要亲切、感人。忙说："不敢不敢。"栗成之又说："你给我说几出戏，我一定给你配戏。"王海廷比较拿手的几出打炮戏是《取长沙》的魏延、《捉放曹》的曹操、《铡美案》的包公等。栗成之决定约几位滇剧名角为王海廷配演《取长沙》。事先征得班主罗香圃的同意后，他就约当时滇剧艺人中有名的活关公饰关公。这位演员有点不乐意为王配戏，又不好拒绝，就推说只记得黄忠的戏，没演过《取长沙》的关公。这折戏如果没有关公，就演不成了，栗成之毅然说道："为捧海廷的场，我来演关公。"

经过栗成之的周密安排和多方做工作，终于请到了几位很有功底的滇剧艺人，为王海廷配戏。群舞台的海报又引起了广大滇戏迷的好奇心，结果观众十分踊跃，连站票都无法应付。这一场演出别开生面，轰动了昆明观众。饰演魏延的王海廷，确实演技娴熟，又加之有栗成之等滇剧名伶的合作配戏，果然一炮打响。王海廷也就成了滇剧界一位著名花脸演员，对滇剧艺术做出了不少贡献。

救人之急——客串京班窦尔敦

栗成之所有的京剧唱片中，以周信芳的唱片最多。如《逍遥津》《徐策跑城》等，他平时几乎每隔一天就听一次，有时还把京剧著名须生麒麟童周信芳和高庆奎的《逍遥津》同时放了来做比较。在谈到这件事的时候，栗成之说，周信芳是我的神交之师，在这方面，他对我很有启发。周信芳的嗓子条件差，而高庆奎有先天超人的嗓子条件，但周信芳唱的《逍遥津》，闻其声如临其境，仔细一听，还是觉得周唱的比高的有功夫。正如有的人银钱不多，但用的恰当，并不显得窘困，又是还略有节余一样。周信芳的做功出众，但他并不满足，又根据自己的嗓子条件在唱腔上苦心钻研，使自己的唱腔别具韵味，加之他有深厚的武戏功底，才成了大家称赞的“麒派”。栗成之琢磨出周信芳的特点以后，对他的表演和声腔都很有启发。

由于经常注意向京剧学习，栗成之在一些偶然的场合便显露出“艺多不压身”的艺术才华。有一次他到金碧游艺园去玩，见到京剧演员殷汇洲愁眉苦脸，就问他为何发愁？殷汇洲指着海报上的戏码《天霸拜山》说：“演窦尔敦的演员临时病了，只有向观众道歉，改戏！”栗成之一听，略皱眉头，脑子里一盘棋，对殷汇洲说：“别着急，晚上我来给你们演窦尔敦，你不要对人讲。”

栗成之是著名的须生演员，这殷汇洲很清楚，但要让他来演京剧大花脸,行吗？可一想到栗成之的才艺和为人，加之要解燃眉之急，就言定请栗成之客串窦尔敦。这样，也不换戏码，海报上也不标栗成之的名字，只有让观众看了演出再论得失吧。

当晚的京剧《天霸拜山》由殷汇洲饰演黄天霸，栗成之饰窦尔敦。栗成之的个子高大魁梧，殷汇洲的个子也高。从外形、功架、气质方面来说，二人真是相得益彰，配合协调。栗成之扮的窦尔敦出马门一亮相，再一句西皮摇板，嗓音洪亮，腔满气足。观众席里顿时掌声如雷。整出戏从头到尾配合得丝丝入扣，珠联璧合。殷汇洲十分佩服栗成之的能耐。演完戏，殷汇洲对栗成之赞道：“栗先生，你演的真好，就像是演过几十场花脸戏似的。”然而因为花脸的开脸夸张，看不出演员本人的相貌，观众并不知道窦尔敦是谁演的。直到第二天，记者来戏班采访才揭开了这个谜底。

包容宽厚——树艺德典范

梨园行里，互相不服气，台上较劲的事情很普遍。栗成之这样的大腕，也经常遇到一些不服气的名角舞台上为难他的状况。但栗成之每次都能用精湛过人的技艺和宽厚包容的德行，让人心服口服。

栗成之与别人合作，配戏的人忘词，他会帮你带过来，不让你出洋相。当时有个有名的老生刘海清，以脾气大著称。未上戏时，在后台可以陪配戏人念上三五遍，但上台去就非记得不可，稍有点不对他就会大发脾气。民国二十五年（1936 年），新滇戏院邀请栗、刘两人同班。刘海清告诉排戏管事的："栗成之来了，唱《骂王朗》不要排我和他唱，其他都可以。"为什么呢？因为刘海清记不得王朗的台词，只记得孔明的。排戏管事的后来忘了此话，偏偏给这两位老生排了《骂王朗》，这是两个好老生的重头戏。刘海清生气了，以为是故意要整他。开演前，刘海清先把孔明扮起来，栗成之还不知道。当后管事的来催："栗四爷，你咋个不扮戏？人家孔明都扮起来了……"栗成之吃一惊，因为历来规矩，孔明都是栗成之扮的，刘海清扮孔明，这明摆着是要为难他。到后台一看，果然刘海清已经扮好孔明坐着等了。刘海清见栗成之来了，就说："对不起你栗四哥，我只记单边戏。"意思就是他只记得孔明的戏，所以他演不了王朗。栗成之有些意外，管箱的四扎头（掌管服装、行头的人）犹豫着，担心栗下不了来台，不敢拿扮王朗的黄绫帕递给栗成之。但只见栗不动声色，主动接过黄绫帕走到一边，开始扮戏。众人这才松一口气。

但马上大家又都为栗成之捏一把汗，因为他从来没演过王朗，戏曲行里一般都是只记自己的单边戏的台词唱段的。不知他能否记得王朗的戏。但见当事人都在做上场准备，众人也不好得再问，只有拭目以待。栗成之在一边装扮，一边皱眉头，口中念念有词，他是在默王朗的词。

开锣了，王朗发兵，上场讲诗。这段念白，如果说的磕磕绊绊，那等于开场戏就砸了。众人的心都提到嗓子眼了。栗成之开口了，另人意外地是他把王朗的词记得死死的，顿时博得观众的掌声。这戏开篇就算立住了。接着与诸葛亮会面那一段，栗成之不止讲得滔滔流水，一大段道白劝孔明，毫不疙里疙瘩。后王朗被诸葛亮骂后吐血坠马而死更是身段、做功都非常精彩的段落。栗成之的那对眼睛非常拿好，台下拍起巴掌。这一场演出孔明没有叫好，王朗反而叫好连连。演出结束，刘海清有些惭愧：“栗四哥，对不起你了。”栗成之回答：“刘大哥，这是菩萨保佑我有碗饭吃……”栗成之顾全大局，话说的很含蓄、幽默，心胸顿显开阔，感动得刘海清当时就说：“以后我一定把老生（指王朗）学好掉，替你唱老生。”三年后，刘海清实践这诺言，果然为栗成之唱王朗了。

栗成之是在逆境下勤学苦练自学成材的。年轻时有人说他只会文不会武，身段不好，其实他文武都唱。当时栗已有名，外号三麻子的文武小生邱云林经常讽刺他戏不多："一支手按不完，两支手不够按。"《打红台》是三麻子的拿手好戏，除了他没人敢演，但栗成之凭着聪明和刻苦，也学会了。邱林云不服气。那时贵州演员王海廷来昆演戏，栗成之要帮他撑台子，商定演《战长沙》，并出面找三麻子来帮忙凑戏。王海廷的魏延，栗成之演黄忠，三麻子演关公。邱云林要整栗成之的难看，就说："你来红脸，我黄忠，这样更新鲜。凑人就要仿这种凑！"海报贴出去，栗唱红生，闻所未闻，卖了满座。这一炮硬凑出来了的戏不但把王海廷打响了，观众还评价说："栗成之还能唱红生，嗓子比三麻子好。三麻子没嗓子。"

栗成之名声越来越高，罗香圃来请他到群舞台演出。第一个戏是与李瑞兰合作《桑园会》。观众人山人海，把厢楼都压塌了。接着《马房失火》也是满座。三麻子也逐渐觉得栗成之技艺不凡，但嘴上还是不肯承认。唱《八义图》时三麻子唱老生，栗唱须生，李瑞兰青衣，王海廷的花脸，都是硬角，成龙配套，珠联璧合。三麻子交代王海廷："今晚你来得快些、流利些！"有意还要整整栗成之。栗善于观察，发现了。倒板亮相时，看到三麻子动作快，栗也来得很快。这晚《八义图》特别精彩利索。三麻子继上次《战长沙》之后，领略了栗成之的唱功，这次从身段上还是整不倒栗成之。栗成之迎风浪上的真本事和不与之计较的胸怀。终于让三麻子由衷地佩服，甘拜下风。

栗成之隐忍、谦让的胸怀在郑文斋面前也是有过充分的体现。前文说过栗成之重回昆明时，昆明的滇剧行里最大的角就要数郑文斋了。郑文斋初唱旦角，后改为生角。会唱京剧、川剧等多种声腔，能演花旦、武旦、文武小生、须生、花脸、小丑等，可以说是个全才。另外还熟悉文武场，能打小锣，会编戏文。改良新戏《薛尔望投潭》就是出自郑文斋之作。当时有观众称他是“门门要的、唱作俱佳的戏状元。”栗成之是从心底里佩服和欣赏郑文斋的，并注重观察学习技巧。其中就包括郑文斋运用气息的推送“变脸”的功夫，后来栗成之扮演孔明时的绝技表演就是从这里来的。

但是郑文斋生性孤高，嘴不饶人，很难与人相处。有人问他：“你本领这么大，都是跟谁学的。”郑文斋很狂妄地回答：“老子是天生的！”他这样的性格对栗成之是很不给面子的。有一次栗成之与郑文斋合演《白狗争风》，栗成之演真差，郑文斋演白狗，另一位艺人罗海泉演真差的妻子。出马门之前，栗成之就对郑文斋谦虚地说：“三爷，小弟不才，请你老人家多多包涵。”到了台上，真差之妻突然说错了一句讲白：“我的男人会唱广戏（广东一带的声腔）。”栗成之不会唱广戏，就自己解围：“广戏我唱不来，老婆要不要算了？”而郑文斋马上接话：“我会唱广戏！”然后就唱了起来。说明郑文斋不饶人，喜欢挤兑他人。

还有一次在群舞台两人同台合演，因为观众已经有很多人在叫栗成之为“泰斗”，郑文斋是前辈就很不是滋味。来到后台，郑文斋就当着许多人的面说：“你栗成之都敢在我郑先生面前冲狠（显摆的意思）？走！有本事就让我们两个蒙着眼睛到盔头架上去摸盔头，摸着哪顶算哪顶，唱它个三个月不回头！”我们知道戏曲演员都是按行当学戏的，每个行当的剧目要学完、学好、学精已经很不容易，跨多个行当学戏，是很难的。那种“文武昆乱不挡”的全才是凤毛麟角。郑文斋敢说“摸着哪顶算哪顶”，就说明他能跨行当，无论男、女、老、幼，摸着哪个盔头都能演。而且说“演它三个月不回头”，说明会的戏要非常非常多。

郑文斋固然是有底气说这话，但是那种场合下还是显得盛气凌人。众人都感到很尴尬，更不要说栗成之了。但是栗成之面对郑文斋的挑衅，只是在一边卸妆，默默不语。不与他争高低，也不与他计较。当然，栗成之心中也很清楚，自己有几顶盔头是不敢摸的：一是女帅盔，这是刀马旦用的；二是大挂耳盔，这是需要扎大靠开打的；三是夫子盔，属于须生，但也是要扎靠开打；四是二郎盔，这种戏剧目少。以上行当郑文斋是样样精通，即使没有戏，他也会发挥改编，在舞台上打秋皮（即兴表演）。

有一次栗成之到重庆演出，又遇上了郑文斋，郑又挑衅，栗成之这次接受了挑战，两人约定相互在演出中竞技，看谁会的戏多。结果，栗成之唱了一百八十几场戏不回头（重复），郑文斋最终比他多唱了一场，算是赢了。栗成之会的戏就算不如郑文斋多，但栗成之的品格、胸怀、志向，决定了他超越别人成为“滇剧泰斗”，“云南叫天”。郑文斋空有一身绝技，由于他不屑于人，所以没有弟子传人，也没有什么朋友，晚年非常凄惨。1937 年日本飞机轰炸昆明，受到惊吓患病，第二年就告别人世。逐渐没有观众再记得一代滇剧名角郑文斋。

北斗南来——会晤京剧大师马连良

1948 年，著名京剧表演艺术家马连良率团从北京出发，南下上海、广州、香港等地演出。因沿途劳累患疾，在香港休养。1949 年 10 月 27 日，应当时的昆明市市长曾恕怀的邀请，与夫人、弟子、琴师一行八人，从香港乘飞机莅临昆明参加昆明市政府募集医药福利基金的义演。到巫家坝机场迎接的有昆明市政府、娱乐工会、回教协会（因马先生是回族）、云南大戏院、西南大戏院等部门代表，还有戏迷、票友、各大报纸记者，共计百余人的盛大场面。马先生一下飞机，记者就围上去采访问他此行有何夙愿？马先生出乎预料地说：“滇剧很好听，此番我想见见云南滇剧界的栗成之先生。”记者们一听都大吃一惊，想不到誉满国内外的马先生会知道云南的栗先生，而且还如此仰慕。

原来栗成之先生在1936年、1937年间给法国百代、美国胜利唱片公司灌制的十多张滇剧唱片，马先生都反复听过，还看过栗成之编著的《滇戏指南》，对栗成之对唱

马连良和栗成之

腔艺术的造诣很是称赞。此外，滇剧名票、原国民党滇南城防中将司令官江璨北先生（艺名云何老人）当时正寓居香港，很痴迷和热爱戏曲。还有1945年下野的原云南省主席龙云当时也寓居香港。他们与马先生都交往甚密。从他们的口中，马先生更进一步了解了滇剧和栗成之的艺术成就。所以当他到昆明时就对记者们表达了想见栗先生，一起切磋技艺的愿望。

当报纸上一发布马先生的讲话，震动很大。尤其是在滇剧界，人们甚至奔走相告，很是振奋。已经六十九岁的栗成之，此时身体病弱，历经颠沛、生活拮据。听到马先生的话以后说："人家是何等样的名人，怎么会看得起我们？何况我这乌七八糟的家怎么好意思让人家来呀？”别人劝他：“马先生很谦虚，人家敬的是你的技艺，想见你是为了相互切磋。”栗先生听后也很敬佩马先生，于是才答应，并着手准备起来。

10 月 29 日下午，按约定好的时间马连良先生携夫人陈慧琏和同来的京剧演员储金明、言菊朋二人一起到南昌街老郎宫登门拜访栗成之。栗成之也做了精心准备。他邀约了当时滇剧界最著名的演员罗香圃、张子谦、竹八音（张禹卿）、周锦堂、周少林、筱兰春、碧金玉、张明洲（盖世伶）、刘菊笙，名票高竹秋，著名京剧武生演员李春庭，还有当时昆明文化界、新闻界各种人士及朋友，坐满了一屋子，以示对马先生一行来访的重视。马连良与栗成之一见如故，两人久久握手互吐仰慕之情。马先生说：“我在北京、香港就听说栗先生演滇戏，唱念做打均达炉火纯青之境。我曾听过栗先生的《七星灯》《捉放曹》等多张唱片，字正腔圆、音韵准确，不愧是滇剧泰斗。此次来昆，得拜栗先生以慰慕念，实为幸事。”栗成之对马先生说：“马先生乃赫赫有名的京剧须生泰斗，我怎能和您相比？”这时的栗成之年近七十，而马连良才四十八岁，正是戏曲演员最成熟、状态最好的阶段。京、滇两位须生泰斗，虽剧中不同，年龄相差二十多岁，但因所演剧目大致相同，所以共同语言很多，相谈甚欢。

马先生看到栗先生的家中虽然简朴，但墙上挂着的提写着“滇剧泰斗”“云南叫天”“滇剧一人”“誉满梨园”

等的各种字幅、书画，都是出自刘文典、梅贻琦等著名教授、文化人，还有原南京中央美术学院院长，著名画家张正宇为栗成之画的速写像。马先生由衷地赞叹道：“这么多名家为您题书、作画，可见栗先生身价之高。”当晚，栗先生便在昆明当时很有名气的小东门“映江楼”回族馆设宴宴请马先生一行。上述在场的客人一起陪同，成为京、滇名伶的一次盛大会晤，传为一段佳话。事后，栗成之对徒弟们说：“马连良先生的性格和我一样，喜欢讲自己‘出洋相’的事情，他之所以被人赞为独树一帜的马派，与他谦虚的美德有密切的关系。”

据说对马连良怀着敬意前来，栗成之无以回馈，许诺要为马先生演三出戏。因身体原因他已经不太登台，但这次为了马连良重新披挂上阵，连演三天，一天一出戏。分别是他的经典代表剧目：《捉放曹》《马房失火》《醉金殿》。马连良每天必坐在第一排，认真欣赏。演出结束，恭敬上前祝贺，赞叹栗先生不愧为“滇剧泰斗”。在昆期间，栗成之也观摩了马先生演出的《马房失火》（京剧叫《石印救火》）。他们的演出各有千秋，互见其长。观众称赞他们一个是北斗南来，一个是滇南泰斗，互相辉映，美不胜收。为了交流剧目，栗成之抄录了《晏婴说楚》《坐井观天》《马跳檀溪》等剧本送给马连良。

马连良这次是怀着向栗成之请教几出戏的愿望而来拜访的。马先生特别称赞栗先生的《孔明拜灯》，他曾对同仁说：“我演《孔明拜灯》时在台上最后总‘死不掉’。

但栗先生表演时能用气功将脸色从死灰变寡白，两眼翻白而眼珠定住。这个绝招我学不会、赶不上。”看了栗先生的《马房失火》后，他又说：“栗先生扮演白槐在官船上认子后喜怒哀乐交织并置的表演，以及失火护印时的神态和行动，都很有独创性。无论眼神、水袖、身段、面部表情等都是绝活，有不少地方可借鉴和学习。”看了栗先生演出的《空城计》后，他又赞叹滇剧“我本是卧龙散淡的人”那段唱词改得好。因为原来的唱段平仄不符合戏曲唱词“上仄下平”的规律。据说后来马连良自己演这出戏时，也效仿栗成之的修改，对调了上下句，将平仄理顺。

马连良在云南大戏院演出时，一票难求。甲票卖到二十块小板一张。飞票（即黄牛票）公然翻倍卖到了四十块一张票，但市民们依然争相观看。马先生在昆明演的每一出戏，都会给栗先生送票。栗成之也每场必到，还亲自送上一幅联大教授刘文典题写的“北斗南来”的横幅。

经过与栗的直接交往，更使他深感不虚此行。分别前，他俩一起在靖国新村马的住处合影留念。拍照时，二人互相谦让。马连良敬栗成之，请他在照片上占大边。栗成之再三说，你是客，我是主，俗话说，主人让客三千里，你应占大边。最后马连良占大边合影。照第二张相时，马连良请方主人抬来了一把单人沙发，请栗成之坐下，自己和储金明、言菊朋、徐敏初站在沙发背后合影。栗成之坚决不同意，最后还是房主人提出折衷办法：马连良先生不参加拍照，由其他三人与栗成之合影。

从滇剧改革家到教育家

他决心从三方面去努力。一是进一步整理传统剧目；二是要净化舞台；三是加强对演员的戏曲基本知识教育。

一生夙愿：滇剧的改良、改进、改革

明人王骥德说过："世之强调，每三十年一变。"滇剧最早提出"改良"是在光绪三十三年（1907年），这时栗成之已经下海成为"滚班子"的滇戏艺人。辛亥革命至民国三十八年（1949年），栗成之的艺术生涯主要成就都在这三十八年里，他随着滇戏经历了几起几落，但始终都有一个不变的追求，那就是不断地改良、改进、改革滇剧。新中国成立六十年后，改革依然是滇剧沿袭至今的主题。这印证着戏剧因时而易，总是随着时代、社会的进展在发生衍变，总是处于不断变革中的规律。

前面说过栗成之的少年时代，正是世纪之交，清朝统治面临土崩瓦解，英、法侵略势力正在伸向云南。形势紧迫，一群远在日本的云南籍留学生，为了挽救危亡，他们加入同盟会，在孙中山先生的带领下，在东京创办了反清革命的杂志《云南》。在第六期上刊登了《戏曲改良之建议》，接着他们又创办白话报纸《滇话报》，每期刊登滇戏新编改良剧本。如《党人血》《姐妹投军》《薛尔望投潭报国》《盗图报国》等激励滇人反抗侵略的故事，两刊运销云南，大受欢迎。当时报上还明确提出："社会改良，伶届居先。"演新滇戏已成一时之风。清末的滇戏艺人翟云海、郑文斋、李少白就成为最早的滇戏改良倡导者。栗成之少年学戏和下海演戏时，最欣赏并学习的前辈就是这几位，自然也潜移默化地秉承了他们“改良”的思想。

到 1911 年辛亥革命以后，这种倡导改良时政新剧的呼声稍微回落。虽然栗成之在滇南并没有记载他参与新编时政剧，但整个行业里引领时代潮头的风气，他一定是身在其中的。栗成之自觉地对滇戏的改良体现在他对滇剧声腔和表演艺术的研磨，尤其是他回到昆明以后，吸收、借鉴京剧，和一批滇剧艺人一起全面提升滇剧的艺术质量，才拉开了滇剧全盛的黄金年代。

前面提到过，1913 年他和罗香圃结伴重返昆明，那时的昆明京剧兴盛，滇剧很低迷。原因有几方面，首先，1910 年滇越铁路全面通车，云南顿时成为连接境外的口岸，外货倾销，外来文化纷纷涌入。也带来了追求奢靡、享乐的风气。“滇省事事废弛，唯戏园一项可称发达，为各省之冠。”大量京剧名角和戏班涌入云南。其次，滇剧倡导新编时政剧，激发民众，确实红火了一下，但这些剧目的社会问题功能大于艺术本身，所以几年后观众就有点“视觉疲劳”了。再有，已经趋于成熟、精致的京剧传入云南，华美的服装行头，京腔京韵的大气雍容，规范、精彩的做功身段，一下子让还比较粗陋的滇剧有些失去平衡。有的艺人自惭形秽，没有了信心；有的视若洪水猛兽，盲目排外；栗成之则是要以“他山之石攻玉”，推进滇剧改良。

栗成之的改良立足传统剧目，在继承传统上狠下功夫，借鉴京剧、川剧、梆子等剧目和演技，然后融化为滇剧特色。他通过听谭鑫培的京剧唱片研究、领悟音韵的要领，然后结合云南音韵的特点，尝试改造滇剧须生的行腔和念白；他向京剧演员李春庭请教“反二黄”的演唱技巧，重新润色了滇剧的 [胡琴阴调]，后来成为滇剧旦行的很有代表性的声腔；他与马连良切磋《马房失火》的表演，被传为佳话；他比较海派和京派的《徐策跑城》优长，设计出自己饰演的滇剧《跑皇城》中徐策拔去帽翅的跑城身段技巧。栗成之为代表的一批滇剧艺人就这样于千锤百炼中形成了滇剧独具特色的格局。声腔、表演都趋于稳定规范，各个行当都出现代表流派，并且各自培养门人，因而新秀迭出。

栗成之在 20 世纪 30 年代已经用一系列“精品”剧目形成了自己的艺术风格，成为伶届一大招牌和代表。经济收入上也宽裕很多，他便陆续投资开办过信诚石印局、信诚人力车行、拓东盐店等。他希望自己能在舞台艺术上改良、改进滇剧的同时，还能做一些更长远意义的事。栗成之意识到传承关乎一个剧种未来，而人的传承，更是未来的命脉。所以他开始编著《滇戏指南》，创办滇剧历史上的第一个科班：继字科班。

编著《滇戏指南》　留下珍贵文献

20 世纪 30 年代，正是栗成之的艺术生命比较旺盛的时期。他从二十多年的舞台实践中，找到了影响滇剧艺术向前发展的症结所在，他决心从三方面去努力。一是进一步整理传统剧目；二是要净化舞台；三是加强对演员的戏曲基本知识教育。因此他从民国十九年（1930 年）开始，花费巨大精力，陆续编著了十二册《滇戏指南》，由他开办的信诚石印局印制刊行。给滇剧、给后人留下了非常珍贵的文献资料。

栗成之主编《滇戏指南》不得不提到民国文人参与戏曲研究的背景。罗香圃接手群舞台的时候，京剧不仅出了不少《戏考》丛书，还办杂志。而滇剧就没有什么剧本，学戏都是靠口口相传。民国十四、十五年（1925、1926 年）昆明成立了滇戏研究社。创办者就是上层社会出身的几位“浪荡子”，分别以笔名：板翁、憨僧、涛声、梅痴、侠魂、吾愚，这些人其实都是有学识的文人票友，当中的“板翁”就是滇戏著名票友、滇戏教育家高竹秋。他们成立滇戏研究社开始记录、整理艺人的口头剧目。陆续出版了《滇戏》，《新编滇戏》（梁星洲主编），《滇戏考》等系列丛书，最主要的贡献就是剧目校订，将很多在民间口头传播时存在的错讹，做了修订和清理。一时间滇剧风行出版剧本，在整体的剧本文学上有了一次不小的提高。当时发行这些剧本的有两家书局，一家是鑫文书局，另一家就是务本堂。开初是石印，后来改为铅印。栗成之的《滇戏指南》就是在这一影响和推动下催生的。

栗成之编著《滇戏指南》，不仅受到广大滇剧爱好者的欢迎，也得到当时一些学者的重视和支持。几乎每一册《滇戏指南》的头几页，都分别刊印有他们给题写的序言和题词。如第一册除了栗成之的自序外，还有江燦北的“江序”，张四维的“张序”。江燦北是滇剧名票、原国民党滇南城防中将司令官，艺名云何老人。后来他移居香港。马连良去香港演出的时候，就是从他那里听到了很多有关栗成之的事情，才有了后来的慕名到昆明拜访。张思维先生是 20 世纪 30 年代滇戏研究社成员，名气很大的票友。他的职务虽然只是一名中学老师，但他学问颇高，对滇剧很有研究。曾在上海《剧学》月刊上发表过关于滇剧声腔讨论的文章。他一般不演出，但有“义演”之类活动，他就大张旗鼓地去参加。

因为栗成之的交往广泛，挚友圈中有各种奇人、高人，所以《滇戏指南》才不仅收录剧本，还写下了一些声韵唱念的要诀、方法，因而被当成了“名伶秘本”受到追捧。他在《滇戏指南》的“自序”里，对滇剧事业的革新主张，有比较精辟的阐述。首先，他充分重视戏剧的社会功能作用。“序言”的一开头就说：“戏剧之学，本属文艺范围，其在社会，原有相当价值。”一语道破了戏剧在社会上的作用。他进而具体指出，戏剧“虽云寄兴怡情，要之针砭末俗，补救颓风，未始无裨于世”。这就明确地指出了要通过戏剧揭露和抨击社会的阴暗事物和不正之风，才能对社会有所裨益，以达到“文艺更新，社会改进”之目的。这些观点，正是我国传统戏曲主张的“高台教化”的集中体现。当然，由于历史的局限，栗成之的所谓“针砭末俗，补救颓风”都不可能改变当时的社会制度，但能通过戏剧，

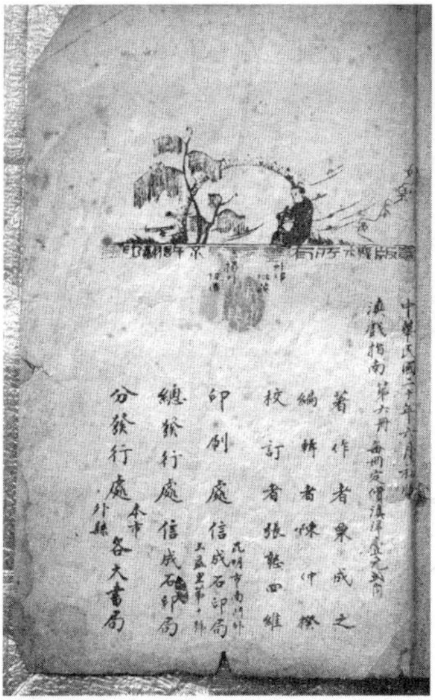

栗成之编写的《滇戏指南》第六册（1931 年）出版页

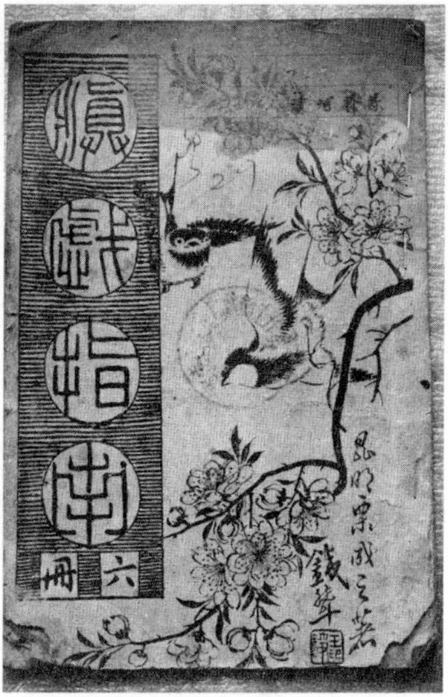

栗成之编写的《滇戏指南》第六册（1931 年）封面

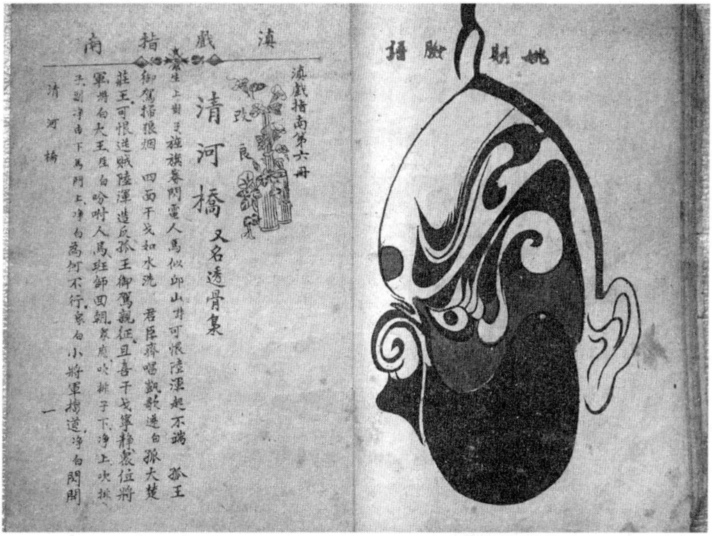

《滇戏指南》中收录的剧本及插图

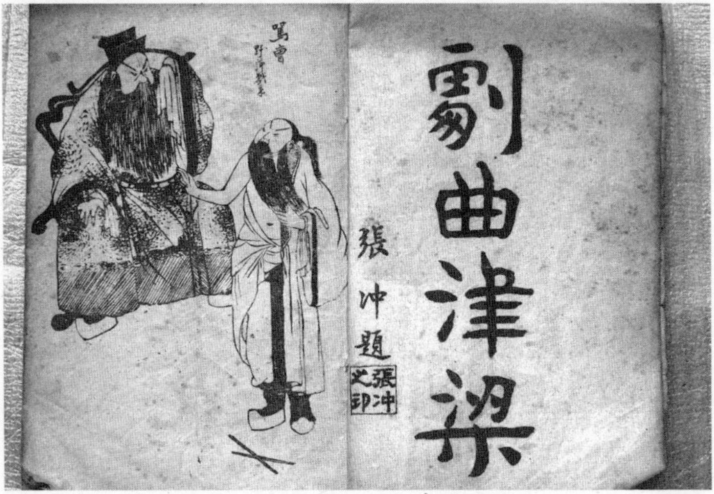

张冲给栗成之的题词

去直接或间接地揭露社会的弊端，鼓舞人民积极向上的斗志，从而在一定程度上起砭末俗、补救颓风的作用。这在客观上说，对历史，对人民都有进步意义。这也是栗成之艺术观中人民性的具体体现。

其次，栗成之认为，要能发挥好滇剧的社会功能作用就必须对滇剧进行综合性的革新。他一方面面对大家对他的艺术称赞有一个客观的评估，但同时又立志进行革新。他在《滇戏指南》里说道：“二十年来，精力交瘁，虽未逮于深造，而虚荣过誉，谬蒙社会人士称许，惭汗之余，爰具宏愿，矢志欲尽全功，借谋剧界之成功……随将滇剧，悉从检校，并决然立志改善。”栗成之在 20 世纪 30 年代对滇剧艺术的改革决心和行动，对后来滇剧艺术的影响，

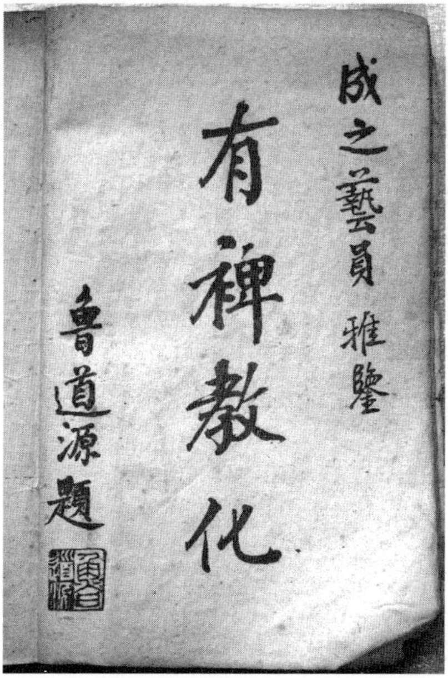

鲁道源给栗成之的题词

是不言而喻的。

作为一个艺术改革家，从何下手改革，他也是颇有见地的。根据他的切身体会，觉得应该从演出剧目着手改革。并且提出了“汰其渣滓，摭其精华，删其繁冗，证其讹误”的原则。他精心编著的这十二册《滇戏指南》，大部分篇幅均刊载经他亲手整理校订的剧本，剧名前冠之以“改良”二字，改良的依据就是上面所说的十六字。因后世没有找到十二册的完整收藏，可查到的如下：第一册剧目有《醉金殿》《鲁肃求计》，第二册有《九华宫》《哭秦庭》、《醉骂禄山》《扇坟》《伯牙抚琴》，第四册有《三尽忠》

（全本）《审人头》等。

栗成之是如何改良传统剧目的呢？《醉金殿》是栗成之的拿手戏之一。他演这戏时，先对滇剧传统剧本进行分析，发现许多词句繁冗，且不合理，即行删除。在原传统本《醉金殿》里，李白［倒板］上场的唱词共有二十句“三三四”拍节的唱词，内容扯到了秦嬴君龙门大战，吕纯阳三醉洛阳，神农皇尝药治患等不相干的人和事，且与唐王急诏的规定情景不符。特别是在唱词中有这样两句：“众文武一个个纷纷言讲，他言道离不得学士青莲。”栗成之认为，“唐王在金殿为黑蛮书毫无办法，特命高力士传召宣李白上殿，立等解决外交问题”。时机何等紧迫，中途岂容延宕，让李白谈天。此刻不能再说闲话。至于“众文武一个个纷纷言讲，他言道离不得学士青莲”两句，兼又不通，那李白在殿外遥望，何能听见殿上闲谈，更非删不可。于是他在演出时，把原二十句唱词改为下面六句：“适才间沉香亭饮罢酒宴，高力士捧圣旨来到席前。郭太古他也曾告辞回转，可惜我三坛酒未曾用完。整乌纱端正带忙上金殿——冒渎龙颜。”既保留了传统的创作构思，又做了必要的精炼突出了主要任务和事件。栗成之把这些现象提到了理论高度来认识，提出反对“冗沓成习”，批评了每因四五曲剧即“耗尽终日晨光”的做法。他认为整理剧目时对于“无谓之周折，过场糜时松懈，反令观者生厌的则应概行减裁，仅存精华”。栗成之本人亲手整理的数十出滇剧传统剧目，在文风上都遵循了这一原则。这也正是他从剧本着手，带动其他艺术全面改革的例证。

在注重剧本改革的基础上，栗成之也比较重视滇剧唱腔和念白的革新。他所提出的“汰其渣滓，摭其精华，删其繁冗，证其讹误”，不仅是针对剧本而言，而是“推及音、曲、腔、板、无不改良悉当”。在对唱腔和念白方面，栗成之所倾注的力气是比较多的。这表现在，他在《滇戏指南》的“序言”之后，紧接着便登载了六项“滇剧之要诀”。一是戏有四要：嗓音、字眼、腔调、板眼；二是戏有五声：唇、齿、鼻、舌、喉；三是十三韵之分；四是字音之四呼：开口、齐齿、合口、撮口；五是应辨字音之尖团；六是滇调之腔板系统。很明显，这六项“要诀”都是属于唱腔和念白的范畴，这也是戏曲艺术表意的最主要的特征。

此外，栗成之在《滇戏指南》里，还有针对唱腔和念白的专门论述。他在《成之习唱一得》中介绍了前文中提到过的听唱片学习谭鑫培京剧声腔的例子。得出了：“音必咬字、腔必跟韵，一字不敢松放”的要诀。并提醒滇剧演员：“在学唱者先必把字音弄清，音韵审真，开口歌唱，切勿撒野。初学甚觉拘板且吃力，但操之既久，养成习惯，唱腔自然中听，再在细微处揣摩，自然随处精彩。”栗成之在书中的“凡例”部分指出：“滇戏曲调每因积习相沿致使黔语川音随时混淆，进来愈趋愈杂，不独黔语川音已也，故本编在校订时概行更正，使之成为纯粹之滇戏。”所谓“纯粹之滇戏”，即保持滇剧自己的独特艺术风格。

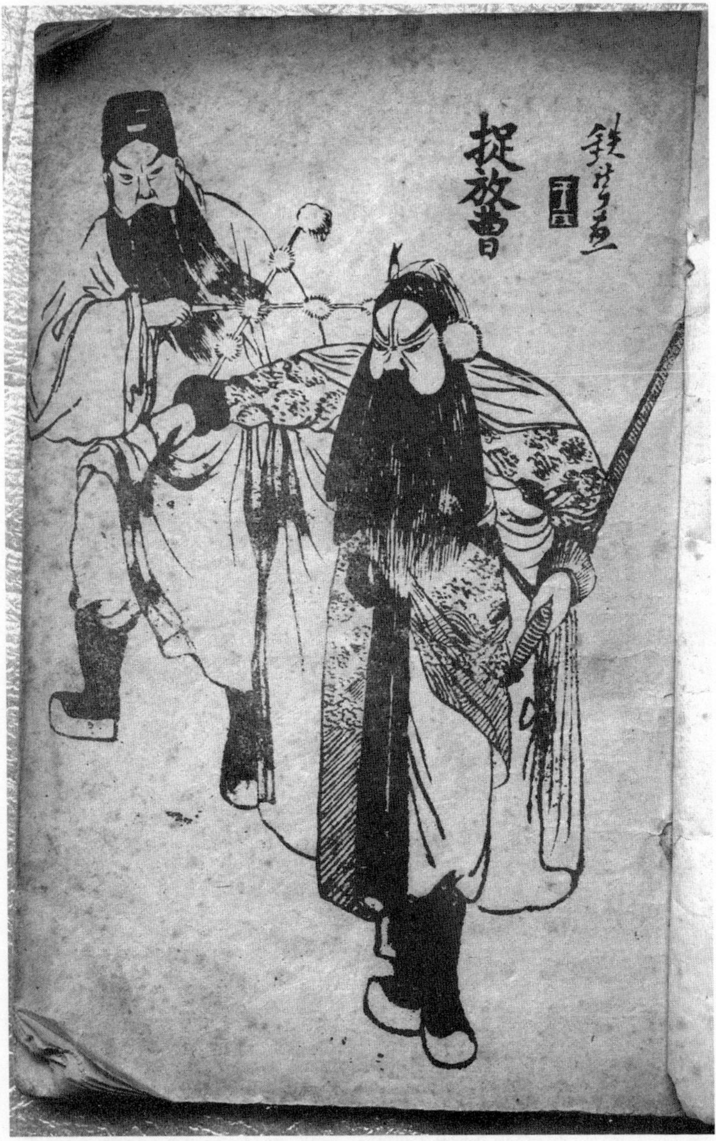

《滇戏指南》插图

这一原则，对我们进一步革新滇剧艺术，具有启迪意义。可见，他在唱腔上的革新，是从实践中不断探索而来的。

栗成之对念白尤为重视。他在《滇戏指南》中指出："道白中有软讲（又名小讲）一道，似易实难。说来总要流丽清楚，自然不生涩，不俗俚，不硬、不土，方算功夫。"并指出："近日学者，每每注意唱腔，而对于道白，则多忽之。然能去掉一切土音，非三五年不成功也。"这种意见，是与一般所说的"四两唱腔千斤白"和滇剧谚语"讲为君唱为臣"是一致的，只是提法不同而已。这里所说的"去掉一切土音"，并不是不要地方戏剧的语言特色，完全京化，那样也就无所谓地方戏的讲白了。笔者理解这句话有两层意思，一是强调讲白要规范化，不能各自为文；二是即使方言，也要求重四呼，分尖团，重视唇、齿、鼻、舌、喉等部位音色的准确性等。栗成之在自己演出中的念白，便是着力于这种追求的。关于这，我们在他的演出部分中，还将提及。

戏曲的唱、念、做、打、舞，都属于表演艺术。在滇剧的表演艺术方面，栗成之也极为重视。他从一个演员出发，对于提高表演艺术质量，有切身的紧迫感。关于演员的表演，栗成之在日常的谈话和艺术活动中谈及较多。在《滇戏指南》中也有专门的论述。他在谈到戏剧剧目的删繁就简时，指出："做工也要恰如分际，岂能撒狗血。例如《七星灯》之孔明，《审刺客》之闵觉，皆在病中，夫人而知之矣。至如《醉金殿》之李白，出场即在醉中，醉态醺醺，亦不能有紧张表现。唱角正用心体贴，受多少拘束，求醉态之人微，却讨得一个懒字，似觉冤狂。”这段话的意思，主要强调表演要符合人物身份及规定情境。如把病态中的孔明，演成《空城计》或《借东风》之孔明，那就大相径庭了。他说的《醉金殿》李白的醉态入微，是符合李白当时的规定情境的，而把他说成懒，则是不理解人物当时的境况使然。栗成之不仅从总体上说表演要符合人物身份和特定情境，即使表演中一招一式的细节举止，也要有真实性。比如他在演《醉金殿》时，对蛮书的写法考证，便是例证。他从史书查知“渤海王传十余世始有礼乐文字……入贡于唐……地当在满州，现渤海文虽无可考，但今满蒙文皆左起直下”，故栗成之在《醉金殿》中“写蛮文”的表演就以此而设计，从而在表演时增添了细节的真实性。

栗成之在表演方面，还经常注意总结一些口诀供滇戏工作者参考。这里我们仅举他总结的“辨八形”“分四状”为例，说明栗成之对表演的研究，以窥全貌。所谓“辨八形”，即从表演上分辨贵、富、贫、贱、痴、疯、病、醉者的不同面容、身段和势态。具体分辨是：贵者，威容，正视，声沉，步重；富者，欢容，笑眼，弹指，声缓；贫者，病容，直眼，抱肩，鼻涕；贱者，蔼容，邪视，耸肩，行快；痴者，呆容，吊眼，口张，摇头；疯者，怒容，定眼，啼哭，乱行；病者，倦容，泪眼，口喘，身颤；醉者，困容，模眼，身软，脚硬。所谓“分四状”即指喜、怒、哀、惊四大情绪的表演势态。即喜者，摇头为要，俊眼，笑容，声欢；怒者，怒目为要，皱鼻，挺胸，声恨；哀者，泪眼为要，顿足，呆容，声悲；惊者，开口为要，颜赤，身颤，声竭。

栗成之这些对表演形状之分辨总结，可以说是长期体察、表演、总结的结果。也许从话剧表演的角度会觉得把不同身份、出身、教养、脾气的人物硬性定为几个“规定动作”，未免太固定、僵化。但对戏曲程式化原则来说，需要将人物特征夸张、放大，有造型感、有音乐感，并连接成一整套的“规范动作”，成为一种表演技艺来欣赏。所以栗成之将戏曲表演经验总结成了相当系统的理论，对滇剧艺术的传承、发展，贡献巨大。当然对某些人物的提示，未必完全确切。如“辨八形”中的贫者，说成是病容，直眼，抱肩，鼻涕，则还是要根据不同病因做调整。但他对人物外形揣其神态的细腻入微，则十分难能可贵，即使在今天，也有一定的参考价值。

栗成之深知，在一生的滇戏实践活动中，要能更好地进行艺术革新，就要不断地学习。有了较为深厚的基本功，艺术革新才有坚实的基础。这种学习，分为两个方面，一是加强自身基本功的锻炼，一是向其他兄弟剧种和艺术门类学习。在这方面，栗成之也是功不负人的。前文中提到过，栗成之因向京剧学习，受到一些人的反对，甚至讽刺。他在《滇戏指南》的“序言”里对此有明白的宣称：“以吾滇而论，所演戏剧，实与京剧大同小异，唯因演习者之固步自封，漫不经意，遂令无可表著，推衍所极，竟自流

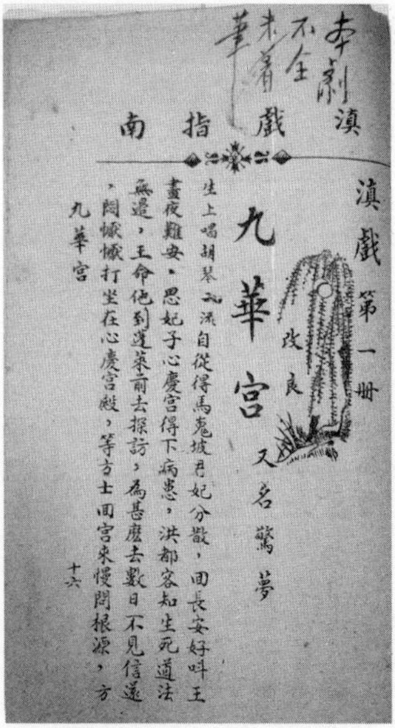
李剧 不全 未看 華

滇戲指南

滇戲 第一冊

九華宮 改良 又名驚夢

生上唱胡琴二流自從得馬嵬坡君妃分散，回長安好叫王晝夜難安，思妃子心慶宮得下病患，洪都客知生死道法無邊，王命他到蓬萊前去探訪，爲甚麽去數日不見信返，悶懨懨打坐在心慶宮殿，等方士回宮來便問根源，方

九華宮 十六

《滇戏指南》剧目：九华宫

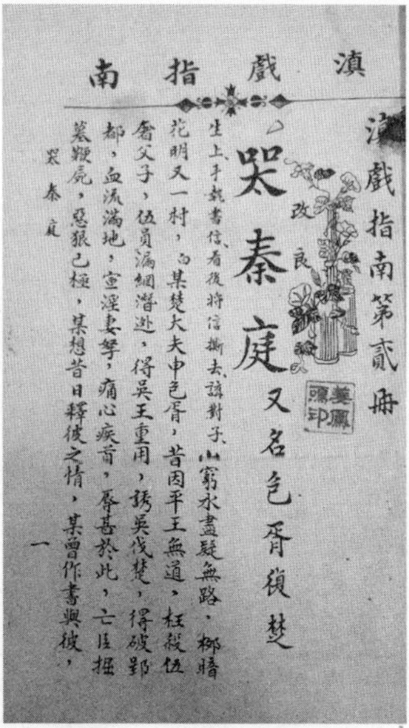
滇戲指南

滇戲指南第貳冊

哭秦庭 改良 又名包胥復楚

生上手執書信看後將信撕去該對子：山窮水盡疑無路，柳暗花明又一村，白某楚大夫申包胥，昔因平王無道，枉殺伍奢父子，伍員漏網潛逃，得吳王重用，誘吳伐楚，得破郢都，血流滿地，宣淫妻拏，痛心疾首，原甚於此，亡臣掘墓鞭屍，惡狠已極，某想昔日釋彼之情，某曾作書與彼，

哭秦庭 一

《滇戏指南》剧目：哭秦庭

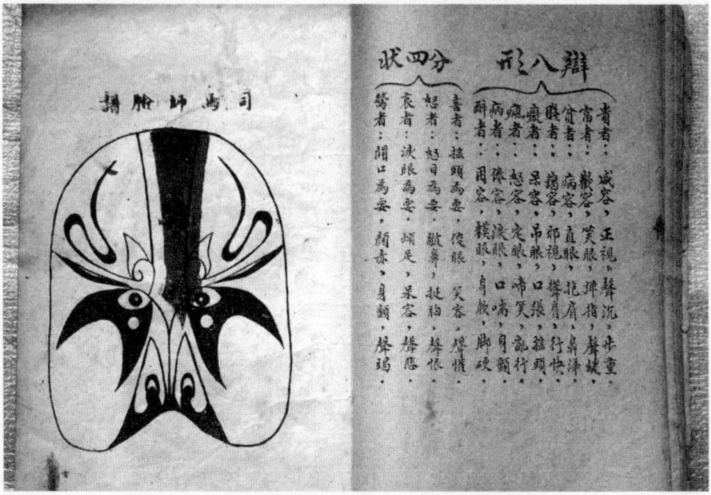
司馬師臉譜

辯八形 分四狀

貴者：威容，正視，聲沉，步重。
富者：歡容，笑眼，彈指，聲拔。
貧者：病容，直眼，抱肩，鼻涕。
賤者：鵝容，邪視，聳肩，行快。
痴者：呆容，吊眼，口張，搖頭。
瘋者：怒容，定眼，嘻笑，亂行。
病者：倦容，淚眼，口喘，身顫。
醉者：困容，模眼，身軟，腳硬。
喜者：搖頭為要，俊眼，笑容，聲情。
怒者：怒目為要，皺鼻，挺胸，聲恨。
哀者：淚眼為要，頓足，呆容，聲悲。
驚者：開口為要，顏赤，身顫，聲竭。

栗成之的滇剧声腔理论

《滇戏指南》插图一

《滇戏指南》插图二

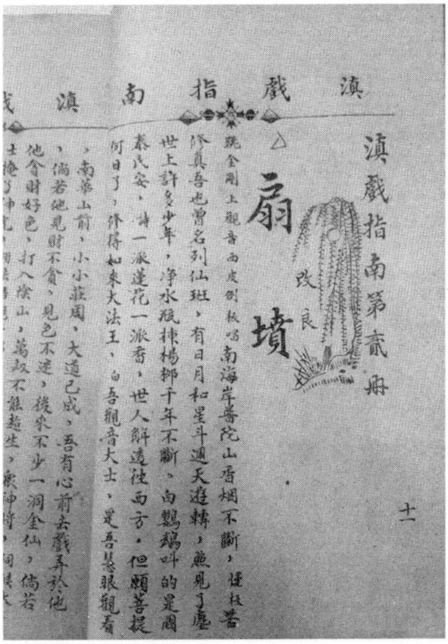

滇戲指南

滇戲指南第貳冊

扇墳

改良

△

跳金剛上觀音西皮倒板唱南海岸普陀山香烟不斷，柱杖苦
修真吾也曾名列仙班，有日月和星斗週天遊轉，纔見了塵
世上許多少年，淨水瓶排楊柳千年不斷，白鸚鵡叫的是團
泰氏安，持一派蓮花一派香，世人解透往西方，但願菩提
何日了，修得如來大法王，白吾觀音大士，是吾慧眼觀看
，南華山前，小小莊周，大道已成，吾有心前去戲弄於他
、倘若他見財不貪，見色不迷，後來不少一洞金仙，倘若
他貪財好色，打入陰山，萬劫不能超生，

十

《滇戏指南》剧目：扇坟

弊日滋，每况愈下……今京角来滇，因聆始悟规矩之严，迥非滇剧所及，乃更潜心研究，虚已探求，随将滇剧，悉从检校。”其良苦用心，意味深远。

一个演员艺术成就的高低往往同其自身的道德修养成正比，栗成之献身滇剧的一生，都十分重视个人的品德修养，在这方面的美谈前文已经列举过不少。在平素的日常生活里，在治艺的过程中，栗成之也是以谦逊诚朴的精神对人处世的。在他编著的《滇戏指南》的“卷头语”中，就谦虚地表示：“滇戏指南的内容，纵不能说尽善尽美，但从切实、纯正上努力，举凡一切规矩、诀要、借载无遗。指南二字，差可相符。顾编者谫陋，难免谬误，深望读者加以指正，如有具体的纠正，更所欢迎！”

《滇戏指南》第二册上还刊登了社会各阶层人士对栗成之赞誉的题字：称他是“滇剧泰斗”“云南叫天”“滇剧一人”“戏曲津梁”；赞他的艺术为“清新俊逸”，“超神入化”“誉满梨园”……这些褒誉，栗成之是受之无愧的。栗成之编写《滇戏指南》是滇剧走向现代传承的一个重要标志，也是滇剧作为云南戏剧的第一大剧种，走向成熟的里程碑式的坐标。从剧目、表演、理论、戏德、育人等方面，在滇剧发展史上写下了不可磨灭的功勋。

重视传承：创办滇剧天字号第一科班

20 世纪二三十年代栗成之书写了滇剧舞台艺术的辉

煌，确立了他“滇剧泰斗”的影响地位。编著《滇戏指南》是他对滇剧艺术的一次理论总结。那么后来创办“继字科班”，就是探索人才培养模式、功在千秋的传承事业。在民国二十八年（1939）创办“继字科班”是滇剧历史上另一个值得重视的大事。虽然就开设专业科班的开始时间而言，滇剧比京剧的科班要晚四五十年。可是对滇剧而言，“继字科班”就是滇剧走向现代传承的开始，“天字第一号”的意义至今不可替代。自此，以革新促继承几乎成了横跨半个世纪班社传承、人才培养的推崇理念与方式。

前面提到过云南省主席龙云分为了“改良、振兴滇剧”，分别在 1936 年、1938 年、1941 年三次开办“改进社”，其中第三次办的时间最长，规模也最大。因为是官办推动的，栗成之当时和其他名伶一样被纳入改进社的演员队伍里。但改进社的记载关于栗成之的并不是太多，就是因为这个前后期间，他正在操持他的“继字科班”。据说，龙云吩咐当时任富滇新银行行长的缪云台先生，找栗成之创办一个滇剧科班，培养滇剧艺术人才。并亲自嘱咐说，要向京剧学习，滇剧过去只重唱不行，可请一些京剧老师来教武功。

1940 年的一天，缪云台等在光华街一家官绅的豪华住宅里，遇见了栗成之等人在那里唱滇剧围鼓。唱毕，缪云台把栗成之叫过一旁说：“目前真正算是你的徒弟的，只有一个唱旦角的沈玉麟，你又是著名须生，将来谁来继承你的事业？要设法培养后继人才。”栗成之感激缪云台先生的关心，并说："培养人才需要人力、财力，谈何容易！"缪云台说："在经费上，由政府协助你解决，这也是龙主席的意思。现在一言为定，你就着手创办一个滇剧科班吧！"原来编著的《滇戏指南》的时候，就是为了传承滇剧、培养人才的，现成的教材都有了。办科班培养人才，这也是栗成之多年的心愿，他很快就操办起来。

首先要解决的是地址问题，经过挑选，决定办在南昌街老郎庙里。栗成之为了认真办好科班，就在老郎神对面盖了一所两耳三间的房子，亲自搬到里面居住，以便照料学员。继后，又在大殿上添盖一层楼板，打了三十多张条凳木板床给学员居住。当时报名参加的学员共有六十多人，男生全部集中在大殿楼上，女生只有十多人，住在栗成之的耳房里。科班创办后，为了表示承前继后的意思，故学员艺名的第二个字都叫"继"字，所以又有人把这个科班叫做"继字科班"。科班由栗成之负责。聘请了当时的京剧著名演员李春庭（武老生），双雁飞（武丑）为武功教员，他俩有时又带两个徒弟到科班辅助武功教学。滇剧教师固定任教的有李文明（净行）、水仙花（旦行）；其他如李少兰、周锦堂、高竹秋、张吟秋等，则根据教学需要，轮流到科班教学。固定教师每月有一定的物质报酬，兼课教师纯属义务教学，没有报酬。

学员学习的内容除每天练基本功外，就是通过具体剧目学习唱腔、讲白和表演知识。李文明老师还结合传统剧目内容，向学员讲授有关历史知识。学员们学习一般都比较刻苦，大多是天不亮就起床到大东门外的田野里或翠湖边练嗓。有的学员边走街边练嗓，不时惊醒了翠湖边景虹街的居民，打开窗子说："这是些什么人，天不亮就鬼叫什喊的。"练嗓完毕，就回到老郎庙练功。下午上文化课或教唱腔、讲白。水仙花因文化较低，就一边念唱词，一边叫学生写，等于由老师口述，学生记录。当时普遍学习的剧目有《二进宫》《坐宫》。这两出戏主要练唱腔和讲白。其他剧目有偏重老生、青衣的《三娘教子》；偏重花旦、小生的《八郎回营》；偏重丑行的《江油关》《斩三妖》等。胡琴师为张顺、赵青保（盲人）、刘成章；鼓师由董云武和沈玉麟、张顺兼打。

"继"字科班开办后，大家都能主动认真地学习。老师们在传授滇剧和戏曲艺术常识的同时，也强调品德教育。栗成之经常告诫学员："戏好不如品德好"，给大家留下深刻印象。另外，他也时刻提醒学员要净化舞台。如他坚持改革在舞台上边唱戏边饮水的旧习俗，认为不美观、不卫生，也影响剧情。在栗成之及各位老师的教育、带动下，学员之间也能团结互助。比如，有一天，几个伪兵痞对几个女学员不怀好意。从大街上一直跟踪到老郎庙内。这事情被几个男学员知道后，都不顾风险，愤怒地教训了这些无赖，保护了女学员的人身安全。

科班要继续发展，就要有必要的行头，才能更好地教学和组织学员进行演出活动。于是栗成之向当时政府有关部门申请，同意出外购买戏剧服装。栗成之指派大徒弟沈玉麟经办此事。沈玉麟即找在昆明行头比较丰富的京剧班子的各式服装做购置依据，开列了包括十六件蟒、十六撑靠等一批服装和刀枪把子、靴鞋等物。后由富滇新银行拨款八万元左右，通过省实业银行汇款到上海“卫顺泰戏剧服装店”购置。但当时这个店只制作戏剧服装，无刀枪把子和靴鞋，又在汇款书上委托他们帮助购置。几样货购全后，统运昆明。因抗日战争时期交通受阻，这批货只好从水路由越南境内转运昆明。当时还有人听缪云台说，这批行头只要栗成之把学员教出来，就给滇剧改进科班了，政府要它何用？但后来这些戏剧服装运到一平浪时，被龙三公子龙绳曾（当时他是团长，京剧票友）强行借用到他组织的京剧班子里。之后，由于战乱，这些服装也就无有下落。滇剧改进科班没有得到这批东西。

滇剧改进科班在昆明老郎庙里维持了一年多，因日本飞机轰炸频繁，栗成之就把科班迁到大普吉一位亲戚家继续进行教学活动。在这一年多里，由于经济原因和部分学员恋爱结婚，迁到大普吉时，六十多学员只剩下二十多人。老师除栗成之外，还有水仙花、张顺等人。“继”字辈学员中现在还记得名字的，有王继霖、张继仁、郑继山、李继良、胡继兴、刘继俊、李继泰、陆继兰、白继明、张继仙、李继忠、孙继英、张继芳、冯继兰等人。在大普吉时，仍坚持早上练功练嗓，晚上和不跑警报的下午在驻地打围鼓。每次围鼓清唱三出戏，大部分由学员演唱，老师唱的时候少。有时观众点名要请老师唱时，栗成之才参加演唱。

在大普吉打围鼓期间，先后清唱的剧目有《汾河湾》《拜月赐环》《二进宫》《坐宫》《八郎回营》《女斩子》《小进宫》《江油关》《桑园会》《王氏劝赌》《骂金殿》《赵五娘》《三娘教子》《六月雪》《槐荫别》《山伯访友》《乔子口》等。

有学员后来回忆，当时栗成之唱的《骂金殿》与别人唱的不一样。别人唱丝弦腔，他唱胡琴。作为他的徒弟，沈玉麟除了与别人一样会唱丝弦腔外，也跟师傅学唱胡琴腔。后来仔细一想，觉得栗成之唱胡琴腔也有道理，因为戏中贺后骂小叔篡位，心情很悲痛，用胡琴腔比较适合人物的心情。可见栗成之在艺术上不随大流，有自己的独创性。

当时大普吉的观众，多半是从城市疏散去的机关人员，当地农民的亲戚朋友，附近王家桥一带的居民和农民也常去听唱。天晴月明时人更多，每晚上有百多人来听。听众到那里后，花五文铜板买一碗茶，就可听一晚上清唱。当时科班的清唱也不是图赚钱，只要够炭火、茶叶钱就行了；主要目的在于实习。因而整个科班的经济比较困难。学员们的零用钱都很少，所以有个别学员因经济困难而中途退班的也有。

在大普吉时，大家的生活不但清苦，而且很紧张。白天天晴时，不等昆明的预备警报声响，就到山上跑警报。有时早上出去，要到下午三点多钟才解除。青年学员身上带点干粮充饥；栗成之因年龄已大，带米到山上煮吃。警报频繁时，还带简单行李上山，方便休息。在大普吉的那段时间，由于坚持唱围鼓，维持基本生活，科班师生的情绪得到稳定。后来彭国珍、黄伯先还相继到大普吉拜师，他们没有长期在科班。不久，日本飞机轰炸渐渐松了，栗成之便带领大家到陆良等地巡回演出。由于人手不够，又从科班外请来了余化龙（生角）、姜风鸣（旦角）、赵洪奎（武生）等人参加演出，共二十多人。先后在陆良的马街、三岔河及县城唱了一年左右，又转到宜良并入黄雨青的班子。

到宜良时，栗成之一再告诫学员：宜良滇戏玩友多，要注意演出质量和生活作风。当时黄雨青的班子里，主要演员有黄雨青、刘菊笙等人，改进科班的学员参加演出，又得到了实践机会。这时，栗成之主要演出了《七星灯》《审刺客》《祭祖闹家》《拜月赐环》《马房失火》《八义图》《二进宫》《顶本章》等戏。由于大家合作较好，演出比较顺利。在宜良演出了三个月后，就回到了昆明。到昆明休息了一段时间后，栗老师又带学员到富民、禄劝去演出。大约三个月后，又转回昆明。这次回昆后，栗成之先前请来的余化龙、姜风鸣赵洪奎等人便各回原地。这时杨据之在昆明办了“滇剧改进社”：老师给学员打招呼，不要随便到改进社去看戏，意思是怕改进社来拉改进科班的人。不久，下关一个姓朱的官绅和罗香圃是把兄弟，约了周锦堂、栗老师和全体学员到下关去演出。以周锦堂为班主，他又组织了一个约有五六十人的较大班子到下关。

当中名演员也多，如王树萱、刘菊笙、赵纪良、美若兰、赵吟涛、张吟秋、李芹（唱花灯）、黄伯先、张艳芳、吴栩影、金品芳、筱艳春等。到下关演出不到一年，转回昆明。这时，“继”字改进科班的学生为数不多，且已有了一定的演出经验，就各搭班子。科班也就不宣而散了。

归纳栗成之开办科班有如下特点：第一，定学制、编教材。该科班规定学制为四年，而实际不满三年。栗成之《滇戏指南》丛书则是在此班开科期间开始编纂的教科书。第二，京、滇演员及票友同时充任教师。京剧演员方面则有李春亭、张燕飞；滇剧演员有李文明、水仙花、周锦堂及票友高竹秋等。第三，开始了为滇剧学员开设文化课的举措。中学教师张四维偶尔到班授课。第四，有官方支持。由富滇新银行每月拨款六百元（开始有，后来就取消了）。

该科班虽然历时甚短，自成立到结束不过三年左右的时间，但因创办者的卓越见识，能有着不俗的影响是可以想见的。以上总结的该科班开科办学的特点均渗透了兼顾传统与时代、主流与边缘、专业训练与文化学习的精神。科班班主栗成之努力建设教材，使学员有本可依，而让滇剧演员加强京剧基本功训练，则又是“取法乎上”的做法。至于文化课学习，应该说，在此时为提升学员的文化修养起到了积极作用。尤其在滇剧的水准还不够高的年代，师徒授受技艺之余，努力寻求向高文化的靠拢则是很重要的。这既是昆、京走上康庄大道的法宝利器，也成为其他剧种与于后辈滇剧人的共识。

继字科班一开始有专款支持，后来因为抗战时局，就停拨了转款。昆明经常遭到轰炸，演出难以正常进行，群舞台这样的大戏园子都支撑不下去，就可想而知其他的。栗成之率领着科班几次搬迁，流离失所。原本栗成之演出包银高、开办印刷书局，有些积蓄，但这样几经颠沛之后，也经济拮据、苦苦支撑。到 1942 年，为了生计有的演员唱和赌博场子挂靠的“摆赌戏”，科班性质改变，培训名存实亡。虽然继字科班只维持了三年多，但作为滇剧第一个培训机构，是具有开创性的，为培养滇剧人才还是积累了宝贵经验。前后培养的五十余人中，后来成为滇剧著名女须生的彭国珍，就是杰出代表。

然而，栗成之创办科班，当时也受到种种责难和讽刺。少数艺人怕栗成之在科班中把滇剧知识广为流传，夺了自己的饭碗，就有意刁难挖苦他。比如，在传统戏《杀家告庙》中，有这样几句戏词：“道德三皇五帝……七雄五霸闹春秋……白茫茫无数荒丘。”有人将“道德三皇五帝”改为“盗得三亩地”（指栗成之利用原老郎庙的地址办科班）；将“七雄五霸闹春秋”改为“七拼八凑把徒收”（指栗之公开择优招徒弟）；将“白茫茫无数荒丘”改为“头摇摇几时才休”（指栗成之积劳成疾头会颤摇）。栗成之听了这些“戏词”，很清楚是在嘲讽他办科班，但他毫不动摇，甚至面临日本飞机的轰炸，也仍将科班转移到大普吉坚持办下去，为滇剧培养了后继人才。

1942 年继字科班解散后，很多人员又并入了第三次成立的滇剧改进社。前文提到过，因为那位军事化管理的杨司令，不按戏班子的运营规律，在改进社里限制艺人们的人身自由，随意体罚。艺人们积怨很多，纷纷设法逃走。到 1946 年 9 月，云南发生政变，龙云倒台，卢汉当政，下令撤销改进社。至此龙云倡导的滇戏改进社正式结束。演员大部分转到了彩排茶室，演出水平整体都受到影响。

没过多久，卢汉当局还是意识到，作为地方戏曲代表的滇剧没有一个像样的演出地，失去扶持和倡导，在走下坡路。时任教育厅厅长的王政呈请省政府主席卢汉备案中写到："建议加强戏剧教育提倡正当休乐，应筹设完善之民众剧场……筹组实验剧场一所，以为职厅实施社教机构之一……并从事地方戏剧（滇剧花灯）之改良倡导、实验公演。"于是卢汉决定将教育厅所管辖的大众电影院（后来的五一电影院旧址）收回，改建为"云南省教育厅实验剧场"，专门上演滇剧。1947 年 1 月 1 日，实验剧场正式开业。又把栗成之、罗香圃为首的一大批滇剧名家、艺人列入了实验剧场的名下。

实验剧场谓之"实验"，确实有了很多新的做法和变化。首先实验剧场的结构就和老茶园戏台不一样，剧场是长方形，没有楼厅，只有池座，能容纳五六百人。整个观众席没有柱子遮挡视线。这在当时算比较先进的。剧场内也不卖茶水，提倡专注文明看戏。为避免改进社时的问题出现，实验剧场实行聘请艺人组班，费用自理。演出收入前后台按比例分成。艺人班子几乎大多是改进社解散后的人员，也是名家云集，剧场每天分日夜两场，剧目丰富，有连台本、折子戏，几乎能做到五十天不重样的。

为了招揽观众，实验剧场请栗成之担纲上演本子戏《三国演义》，栗成之竭力主张让年轻演员多有舞台实践机会。他说："要让年轻人多上舞台锻炼，不要过分相信我……我年纪大了，他们可以接我的戏。"栗成之选中了向楚臣，传授他在《七星灯》里运用气息变化脸色的绝活。还有《拜月赐环》中王允的唱腔，栗成之也一字一腔地教他。掌握技巧之后，经过反复训练，向楚臣基本掌握了这些技巧。同时对如何从曲词中挖掘人物性格，玩味人物感情，向楚臣收获颇大。所以栗成之在有事或者身体不适时，就由向楚臣代他登场演出了。师徒二人教习过程中还有个小插曲，向楚臣回忆，每次练完后栗成之都要留他在家吃饭。栗的生活很简朴，不喝酒，也没有大鱼大肉。就是吃饭离不开辣子蘸盐巴。向楚臣看他吃的那么香，就好奇："这么吃辣子，不会伤嗓子吗？"栗成之笑笑："嗓子的保护因人而异，就是个习惯问题。"

为了改进滇剧，实验剧场还成立了"剧本整编委员会"改编移植了中外剧目如果戈里的《钦差大臣》，田汉的《江汉渔歌》等。也有自己创作的新戏，如高竹秋编剧的时装滇剧《黑海明灯》、孟晋改编的《阿Q正传》。这些新剧目的演出开始用了彩色灯光、立体布景，还印制说明书，让人耳目一新。因为名家多、剧目多、还有新意，所以观众很多，实验剧场在短短的时期内就红火起来。栗成之因为年事已高、身体又病弱，从继字科班到改进社，再到实验剧场，他已经有些经不住这样的折腾了，一般的演出就不参与了，只偶尔来客串一两场演出，算是为实验剧场锦上添花。

到 1949 年云南起义，卢汉下令所有娱乐场所一律停业。云南和平解放后，在西南大戏院旧址上成立云南省滇剧实验剧团，也就是后来的云南省滇剧院，人员班底就是之前教育厅实验剧场的人员。据说栗成之生前演的最后一个戏还是一个现代戏《河伯祭爹》，他演金钱豹。

新中国滇剧新篇章

组建专业剧团拉开了新中国戏曲事业的新格局。云南从省级到市、县、区各级都陆续成立了一大批新型滇剧表演团体。

荣任省滇剧院第一任院长

1949年12月9日卢汉宣布起义，1950年2月20日中国人民解放军进驻昆明，云南解放。新中国成立，迎来了发展戏曲事业的全新机遇。1951年中央人民政府政务院发布了由周总理签发的《关于戏曲改革工作的指示》，指出了“改戏、改人、改制”的戏曲改革基本方针。在改造旧戏班的格局基础上，进行新的资源整合，成立新型的专业剧团。1951年10月成立了云南人民实验滇剧团，栗成之此时已七十一岁高龄，但德高望重的他仍被广大滇剧界人士拥戴，省政府任命他为省政协委员，并担任实验滇剧团团长。后来1953年该团更名为“云南省滇剧团”，1960年6月中共云南省委指派副省长刘林元为名誉院长，扩建为沿袭至今的云南省滇剧院。也就是说栗成之算是云南省滇剧院第一任院长。跟他同时担任剧团领导班子成员的还有竹八音张禹卿（后来调去省文艺学校）。

中央提出的“三改”方针里特别指出要“改革旧戏班中不合理的制度”；要“建立示范性剧团、剧场，有计划地、经常地演出新剧目，改进剧场管理”等等。为了贯彻全国戏曲工作的会议精神，昆明市成立了戏曲改进协会。主任委员是京剧演员刘奎官，副主任委员里第一位就是栗成之。改进协会主要任务就是开展“三改”工作，成立后首先抓两件事：办刊物和开办艺人讲习班。将《正义报》

的《影与剧》周刊，接办为协会机关刊物。同时开办以团结教育艺人为目的艺人讲习班。栗成之因为身体状况已经不太好，所以无力再参与实质性的工作。但滇剧的发展和人才培养问题仍是他最为关注的事情。

组建专业剧团拉开了新中国戏曲事业的新格局。云南从省级到市、县、区各级都陆续成立了一大批新型滇剧表演团体。按 1995 年出版的《中国戏曲志·云南卷》查证记录除了省滇剧院外，1956 将原来的云光滇剧社和大观彩排茶室两个民间职业剧团合并组成昆明市人民滇剧团，后易名为“昆明市滇剧团”。1952 年玉溪地委组建的玉溪人民实验剧团，下设滇剧、花灯、杂技三组，1956 年滇剧组独立以滇剧团名义活动，至 1958 年正式命名为玉溪专区滇剧团。此外还有 1960 年组建的红河州滇剧团；1959 年成立的曲靖地区滇剧团；1962 年正式成立的楚雄州滇剧团；1957 年成立的思茅地区滇剧团；1963 年定名的临沧地区文工团滇剧队；县级组建剧团也很活跃，从 1951 年开始就陆续成了通海县滇剧团、宜良县滇剧团、凤庆县滇剧团、广南县滇剧团、巧家县滇剧团。滇剧崭新的格局下，人才培养模式也发生着变化。

关于人才培养，在新型的艺术学校毕业生一下子还满足不了需要的时候，剧团还是依靠自己招收学员。参照栗成之开创“继字”科班传承的方式，以团带班，设立演员培养训练的专门教员，与舞台实践相结合，培养自己的表演人才。全省范围内的各级院团几乎都设过“团带班”，尤其是地市县级剧团，因为在昆明的剧团近水楼台，艺术学校培养的学生首先满足这些剧团的需求。所以地市县级剧团以“团带班”更多。“团带班”主要分为两个阶段较密集，第一个是五六十年代，第二个阶段是”文革“结束之后，省滇剧院、昆明市滇剧团、玉溪滇剧团、曲靖滇剧团等都前后招收过几十人不等的学员。比如现在活跃在舞台上的滇剧竹派表演艺术家、梅花奖获得者冯咏梅，以及省滇剧院的高少林和玉溪滇剧院的林元涛等都是剧团以团带班培养出来的优秀人才。

演出场所也发生了显著改变。从前，农村演滇戏的场所是在寺庙、祠堂、万年台，城市则是会馆、茶园和星罗棋布的清唱茶室。新中国成立后，国家在组建专业院团的同时，建盖现代剧场、改造滇剧舞台。陆续建成西南大戏院，星火剧院，云南艺术剧院等。滇剧演出开始进入大剧院时代。虽然栗成之在1952年就去世了，没有机会看到这些景象，但旧时的艺人身份由“戏子”变为“文艺工作者”。昔日的名家大腕，成为了人民艺术家，这种社会角色转换的巨大变化，他是感受到了的。

以云南省滇剧院为例，为了组建滇剧界最有实力的示范性演出单位，就是将过去都散落在各戏班或者茶园的名家名角汇集。曾创办滇剧“继”字改进科班，编著十二期教材《滇戏指南》，集表演、理论、教育、管理于一身的“滇剧泰斗”栗成之；曾经营昆明最兴旺的戏园群舞台十八年的班主，男角名旦罗香圃；还有滇剧男旦竹派创始人竹八音（张禹卿）；以及滇剧著名票友出身，后来成为滇剧教育者、研究者的高竹秋以及旦角皇后碧金玉、生净丑皆能的邱小林、老生戚少斌、女须生彭国珍、老生、小生皆能的赵吟涛等等，众星云集，行当齐全，省滇剧院的阵容十分强盛。

昆明市滇剧团当时也吸纳进了多位滇剧名家，如后来被列为全省“十大老艺人”之一的张子谦；有着多年带班经营经验的文武老生周锦堂；还有存着“一肚子戏”，善于将川剧、贵州梆子、滇剧三者做移植改编的周少林等等。还有县级剧团也汇集名家，例如宜良滇剧团，彭国珍、碧金玉、戚少斌等名家就曾在此从艺。玉溪市成立滇剧组到改建滇剧团，曾先后到昆明及通海、新平、澄江等地网络人才，陆续调来张明洲、惠瑶屏、黄龙奎、王佩玉等一大批艺人，使演员行当搭配齐全。

除了滇剧界名家大腕外，专业剧团还为刚崭露头角的滇剧新秀提供了新的舞台，如：栗成之的高徒彭国珍，竹八音的弟子小八音万象贞。两人先后担纲主演《荷花配》《借亲配》《京娘送兄》等滇剧的代表性剧目。加上青衣皇后的碧金玉，著名文武老生李文明的儿子李廉森等。继栗成之他们那一代滇剧名家之后，新一代的滇剧表演艺术家遇到了更好的时代机遇，迅速崛起。不仅享誉云南舞台，还晋京演出，得到国家领导人的接见。其中彭国珍、万象贞主演的《借亲配》于1956年由长春电影制片厂拍摄成电影，将滇剧推向全国观众。同时各种省级、西南片区、全国的汇演频繁，如此丰富的展示推广平台和演出交流机会，是旧班社和茶园戏楼所不能比拟的，所以新中国成立后的十年是催生演员奋进，新秀迭出的时代。栗成之在天之灵看到这一切，一定是欣慰的。

前面说的都是从事舞台演出的人员，作为国家事业单位的国有专业院团，要传承、保护、发展滇剧艺术，还需要更多具备综合文化水平的高层次人员。20 世纪 60 年代初，云南省滇剧院有多位分别毕业于北京大学、云南大学、昆明师范学院等高等院校的优秀文科大学生，杨桐、马中甲、李荫厚、俞寿荣、戎佩坤、张天有、张惠生、杨知秋、李立民、熊禾禄，被称为省滇剧院的“十大编剧”。在时任省文化局分管戏剧工作的副局长、剧作家杨明以及金重、黎方等成熟的戏剧研究者、剧作家的带领下，他们一边给老艺人们上文化课，一边陆续记录、整理、改编了一大批传统剧目，并且研究滇剧的历史、声腔的流变，有的后来参与地方戏曲集成的编纂工作，成为了相关方面的专家学者。如果说栗成之当年主编《滇戏指南》丛书是滇剧研究的奠基的话，新中国成立之后，从国家层面组织、规划对滇剧的研究，留下了一大批成果丰硕的剧目整理资料，表演、声腔理论成果，艺人回忆录等等对滇剧的保护、传承、发展具有重大的意义。

云南名仕马竹庵曾经为晚年的栗成之写下的一首诗，算是代其总结了一生：“六十年来鞠部头，清扬天赋好歌喉。南腔北调难言病，衍派至今尚未休。”

滇剧泰斗　永垂千古

1952年，滇剧泰斗栗成之因长期积劳成疾，患膀胱癌不幸病逝于昆明，享年七十二岁。从二十左右正式登台，到1952年离世，栗成之唱了近五十年滇剧须生，红了一辈子。他下葬之日，据当时的亲历者说，自发前来送行的各界人士、戏迷票友从护国寺一直蜿蜒到东郊墓地。可见栗成之在滇剧从业者、在广大观众心中的地位。

回顾栗成之的艺术生涯，从一名半路出家的滇戏票友，一路成长为摘取滇剧艺术桂冠的“泰斗”。他对云南戏剧，乃至云南近现代文化艺术上的贡献，又绝非是一般艺术家能做到的。他虽然在少年时期逃学去学戏，但其实文化的底子还是超过一般艺人。栗成之所以在表演、声腔艺术上有独特的造诣，跟他有良好的文学素养有关。除了精心打磨声腔和表演之外，还很注重戏外的功夫，做人行事有很注重礼仪、修养，与西南联大知识分子等社会精英人士的交往接触，对他也是一种潜移默化的熏陶。

栗成之所扮演的角色大多是“孔明”“徐策”“李白”等文人士大夫阶层，西南联大教授刘文典就曾评价他的表演有“书卷气”。栗成之为了塑造好人物，除了苦练眼神、气息、唇舌、肢体功夫，他还善于琢磨、研究历史，赏字画陶冶性情、“养心”。他在塑造这些人物的时候，除了他有过人的天资禀赋和后天超乎常人的努力刻苦之外，还来自于内外兼修的人格魅力。为振兴滇剧他耗尽了一生精力，在剧目、表演、理论、戏德、育人等方面都有重要贡献。

栗成之重视办学、传承技艺，他招收的门徒里有名者如："状元红"女老生彭国珍，女老生筱兰春、沈玉麟、陆继兰、白沁珠等。向他参师者有黄伯先、哈咏天（又叫小咏天）、向楚臣等。他们不同程度地得到了栗成之的真传，但因个人自身条件有差异，有的擅长唱腔、有的做功更胜。彭国珍和筱兰春后来都另创新的声腔流派，也灌制了唱片，成为滇剧届非常有影响的表演艺术家。两位女徒弟将遒劲苍凉、韵味醇厚的栗派声腔，又增添了圆润挺拔，发展了栗派声腔。尤其"状元红"彭国珍在运嗓行腔上，还继承、发挥了蒋耀庭、郑文斋的腔法，开创的非常难得的"彭派"女老生声腔。

一方水土养一方戏。云南红土高原立体、多样的生态环境和多元文化的背景，孕育了滇剧。栗成之吸收外来声腔、表演元素、甚至异域文化为我所用，就有一种高瞻远瞩的视野和海纳百川的胸怀。他将滇剧视作与云南人情感相通、血肉相连的桥梁，是以乡音、乡情传递滇人情感、智慧和美的表达方式。栗成之注重对本土文化的研究，使滇腔滇韵保持浓郁的地方特色，即使是演"三国戏"这类全国戏曲共有的历史题材，他也立足在云南人对此类题材和人物认识的文化心理和积淀上，创造性地塑造了《空城计》孔明的"谋"；《拜月赐环》王允的"智"；《捉放曹》陈宫的"识"；《击鼓骂曹》弥衡的"胆"；《甘露寺》中乔玄的“趣”。质朴、真实、重情、拙美，这些“滇化”的处理是来自于中华历史文化在云南文化中的返照。

滇剧有古朴端庄的美；也有婉转甜润的美；她高亢激越、又悲凄感人；她灵巧智慧、又拙朴真实。它既可以表现庄重悲愁、高亢激越，也能表现家长里短、诙谐轻快。它的音乐声腔、方言俗语、身段舞蹈、故事人物，无一不彰显着云南人的生命气质、性格血骨。栗成之提倡一种“纯粹之滇戏”的说法，其实是一种追求研磨艺术质量的“精品”意识。当前，从政府到院团都十分重视“打造精品剧目”，但是今天的“精品”的认识有所偏差，制作上把注意力过多放在现代舞台布景、灯光；创作上有狭隘地“题材决定论”倾向，而对戏剧艺术本体，剧种独特韵味、观众的审美需求都不够重视。栗成之时代的“改良滇剧、打造精品”，其目的是为了提高滇剧艺术的竞争能力，用艺术作品的质量培养观众、赢得市场，从而推广、发展滇剧事业。正是有了栗成之这样的一代滇剧艺术家，用他们精神血骨融入进滇腔滇韵中，最终才铸就出滇萃的生命精魂。

滇剧泰斗栗成之，永垂千古。

参考书目

书籍：

1. 《滇戏指南》（一、二、四册）粟成之编著 1930 年信诚石印局

2. 《中国戏曲志·云南卷》中国 ISBN 中心出版 1994 年

3. 《滇剧史》中国戏剧出版社 1986 年

4. 《云南戏曲资料》（1~5）中国戏曲志云南卷编辑部 1984 年—1989 年

5. 《云南戏剧杂谈》李荫厚著大众文艺出版社 2007 年

6. 《云南戏剧艺术研究》（一至四辑）昆明市戏剧研究室 1981 年—1982 年

7. 《艺苑流芳——刘奎官　粟成之　罗香圃　张禹卿舞台艺术生活纪念文集》1987 年 7 月云南民族艺术研究所戏剧研究室编印

8. 《云南歌舞戏曲史料辑注》云南民族艺术研究所戏剧研究室编印

9. 《云贵川戏曲源流沿革研讨会文集》《中国戏曲志》编辑部 1987 年

文章：

10. 《滇剧泰斗栗成之》李荫厚《春城晚报》1984 年 6 月 16 日—7 月 5 日

11. 《滇剧改革的先驱者栗成之》李荫厚　云南戏剧理论建设丛书《艺苑流芳》

12. 《栗成之的表演艺术》向楚臣　毛祥麟《云南戏剧艺术研究》（一）下昆明市戏剧研究室 1981 年

13. 《滇剧泰斗栗成之与云南文化》杨山《民族艺术研究》1993 年第 3 期

14. 《栗成之滇剧改进科班概况》沈玉麟　陆继兰　李荫厚《云南戏曲资料》（3）中国戏曲志云南卷编辑部编辑 1985 年

15. 《改进社与实验剧场》哈咏天口述戴旦整理《云南戏曲资料》（1）中国戏曲志云南卷编辑部编辑 1984 年

16. 《云南改进社概况》杨桐《云南戏曲资料》（1）中国戏曲志云南卷编辑部编辑 1984 年

17.《回忆实验剧场极其演出情况》李鸿启《云南戏曲资料》（3）中国戏曲志云南卷编辑部编辑 1985 年

18. 《梨园拾零》包锶《云南戏曲资料》（3）中国戏曲志云南卷编辑部编辑 1985 年

19. 《以形带神　以神传情——栗派表演艺术特点》黄百先　陈天佑《云南戏剧艺术研究》（三）上昆明市戏剧研究室 1983 年

20. 《栗成之在〈马房失火〉中的表演》彭幼山

21. 《谈“装龙象龙　装虎像虎”》哈咏天口述　李兵整

理《云南戏剧艺术研究》（一）下昆明市戏剧研究室 1981 年

22. 《舞台生活琐谈》向楚臣口述毛祥麟记录整理《云南戏剧艺术研究》（二）昆明市戏剧研究室 1982 年

23. 《京剧大师马连良在昆明的演出活动》张在云《云南艺术学院学报》

24. 《西南联大教授与云南滇剧》陈立言《昆明文史资料选辑》

25. 《滇戏首次灌唱片始末》彭幼山口述　秀山记录《云南戏曲资料》（1）中国戏曲志云南卷编辑部编辑 1984 年

26. 《改良、改进、改革——滇剧发展三部曲》顾峰《云南民族艺术研究》1988 年第 2 期

27. 《梨园本事诗》马竹庵（遗稿）《云南戏剧艺术研究》（四）下昆明市戏剧研究室 1983 年

28. 《“继”字科班》李廉森　戎佩坤《云南戏曲资料》（4）中国戏曲志云南编辑部编辑 1986 年

29. 《漫话群舞台》杨桐《云南戏曲资料》（5）中国戏曲志云南编辑部编辑 1989 年